lonely planet

FLORENCE

EN QUELQUES JOURS

GIACOMO BASSI

Sommaire

Préparer son séjour

Une ruelle du centre
ANDREA BONFANTI/SHUTTERSTOCK ©

Explorer Florence 29

Vaut le détour

Avertissement

Au moment où nous terminions l'édition de ce guide, la pandémie de Covid-19 impactait fortement le monde du voyage. Les informations que vous trouverez dans cet ouvrage sont donc susceptibles de changements. Renseignez-vous bien avant votre départ car la situation aura probablement évolué quand vous préparerez votre voyage.

Carnet pratique 211

Coups de projecteur

Bienvenue à Florence

L'élégante Florence n'est pas simplement le berceau de la Renaissance italienne. Certes, on y trouve des palais séculaires aux parfums de richesse et de pouvoir, des églises imposantes mêlant histoires de saints et complots, ou encore des musées regorgeant de chefs-d'œuvre. Mais il suffit de faire abstraction de la renommée qui la précède pour découvrir aussi une ville moderne et dynamique qui surprend par son esprit aussi branché que cosmopolite.

Vue de Florence

Les incontournables

Duomo

Difficile de ne pas avoir le souffle coupé devant la Cattedrale di Santa Maria del Fiore, le campanile de Giotto et la coupole de Brunelleschi.
p. 32

IVAN KURMYSHOV/SHUTTERSTOCK ©

PAOLO GALLO/SHUTTERSTOCK ©

Galerie des Offices

Botticelli, Léonard de Vinci, Michel-Ange, Raphaël et bien d'autres encore… Prêt pour une plongée éblouissante dans l'un des plus importants musées au monde ? **p. 38**

WIRESTOCK CREATORS/SHUTTERSTOCK ©

Basilica di Santa Maria Novella

Cette élégante et imposante basilique, dont la façade Renaissance cache une structure gothique, est un écrin d'art inestimable. **p. 76**

ANSHARPHOTO/SHUTTERSTOCK ©

Palazzo Vecchio

La grandeur de la Florence des Médicis se développa dans les immenses salons de ce palais du XIVe siècle. Juste devant se dresse la copie du *David* de Michel-Ange. **p. 46**

Palazzo Pitti

Un palais idyllique, un jardin enchanteur et une collection d'art inoubliable. **p. 170**

ROY HARRIS/SHUTTERSTOCK ©

Museo della Specola

L'un des plus anciens muséums de sciences naturelles d'Europe. **p. 174**

RAFAEL DIAS KATAYAMA/SHUTTERSTOCK ©

CANADASTOCK/SHUTTERSTOCK ©

Basilica di Santa Croce

Elle renferme des fresques somptueuses et les tombeaux d'illustres Florentins. **p. 142**

SIMONA BOTTONE/SHUTTERSTOCK ©

Basilica di San Lorenzo et Cappelle Medicee

Des marbres polychromes… sans oublier Michel-Ange. **p. 104**

Ponte Vecchio

Au coucher du soleil, des centaines de personnes prennent en photo ce pont iconique. **p. 50**

Synagogue et musée du Judaïsme

Le secret le mieux gardé du patrimoine florentin. **p. 144**

S. BORISOV/SHUTTERSTOCK ©

SERGEY BERESTETSKY/SHUTTERSTOCK ©

KARAMYSH/SHUTTERSTOCK ©

TRAVELVOLO/SHUTTERSTOCK ©

Fiesole

Un village enchanteur perché sur une colline offrant une vue sur la campagne florentine. **p. 164**

Villas des Médicis

Inscrites au patrimoine mondial de l'Unesco, ces villas sont d'une authentique splendeur. **p. 206**

Se restaurer

Quelles que soient vos envie ou vos préférences en matière de lieu et de cuisine, vous trouverez votre bonheur. À Florence, on mange très bien partout et vous n'aurez que l'embarras du choix.

Trattorias et osterie traditionnelles

Florence recèle des dizaines de trattorias et d'*osterie* traditionnelles – parfois vieilles d'un siècle – où vous découvrirez la cuisine florentine : la *ribollita* ("rebouillie", une soupe à base de chou et de pommes de terre), la *trippa* (ragoût de tripes à la tomate), le *lampredotto* (caillette mijotée assaisonnée d'une sauce verte). Le quatrième pilier est bien sûr la *bistecca alla fiorentina*, côte de bœuf d'au moins trois doigts d'épaisseur, servie avec l'os et rigoureusement saignante. Les quartiers Santa Croce et San Lorenzo sont les plus recommandés ; en plein centre, évitez.

Entre chefs étoilés et innovation

Depuis quelques années, des chefs étoilés ont élu domicile à Florence. C'est une bouffée d'air pur pour la gastronomie florentine : de nombreux restaurants ont ainsi abandonné la cuisine toscane au profit de plats originaux qui permettent de satisfaire tous les palais.

La cuisine de rue

Chaque coin de rue a sa boulangerie (*forno* ou *focacceria*), sa sandwicherie, son traiteur : une excellente solution à petits prix.

Osterie et trattorias

Il Latini En plein centre, pas facile de trouver une telle qualité. (p. 66)

Trattoria Mario La longue attente sera récompensée par de

ANTONIO GRAVANTE/SHUTTERSTOCK ©

savoureux *primi* et par des *secondi* sérieux. (p. 119)

Cafaggi Une trattoria fréquentée par les Florentins : cadre familial, cuisine simple et appétissante. (p. 120)

Antica Trattoria da Tito Service agréable et excellents plats traditionnels pour cette trattoria en service depuis 1913. (p. 137)

L'Ortone Une *osteria* moderne qui ajoute à ses plats une touche de fantaisie. (p. 156)

Al Tranvai Cette minuscule *osteria* de Piazza Tasso propose des plats savoureux. (p. 187)

Antica Mescita San Niccolò Une bonne osteria qui a déjà régalé plusieurs générations de Florentins. (p. 201)

Déjeuner sur le pouce

'Ino Sandwicherie gourmande qui n'a rien à envier aux grands restaurants. (p. 65)

Amblé Pour savourer un bon *tramezzino* (club sandwich) dans un décor vintage. (p. 65)

Zeb Traiteur raffiné et de qualité situé à San Niccolò. (p. 200)

À petits prix

All'Antico Vinaio Des foccacias copieusement garnies. (p. 64)

Pugi Impossible de manquer une des *pugine* de cette boulangerie. (p. 135)

Nerbone Tous les classiques de la cuisine de rue florentine. (p. 118)

Tripperia Pollini Depuis trois générations, cet établissement sert les meilleurs *panini al lampredotto* de Florence : n'oubliez pas de goûter la *salsa verde* (sauce verte). (p. 154)

Prendre un verre et faire la fête

Le soir, la Florence des amateurs de musées cède la place à celle des noctambules. De l'Oltrarno – bastion de la vie nocturne – à Santa Croce, les pubs, bars lounge et cafés sont légion : il y en a pour tous les goûts.

Le paradis des couche-tard

Longtemps, la plupart des cafés et pubs se sont concentrés entre la Piazza Santo Spirito et San Frediano. Aujourd'hui, tous les quartiers offrent de délicieux endroits pour passer des soirées variées. Santa Croce, Santa Maria Novella et San Frediano se démarquent avec leurs établissements alternatifs.

La tradition de l'apéritif

L'apéritif à Florence est incontournable : entre 19h et 21h, presque tous les bars proposent un copieux banquet dans lequel se servir de quoi grignoter. Il existe toutefois de véritables temples de l'apéritif qui, grâce à leur savoir-faire, attirent toujours beaucoup de monde : pour avoir une place, il faut s'y prendre tôt.

Tout le monde dans la rue

En été, presque tous les clubs et discothèques ferment : les bars installent des tables dehors et la vie nocturne se déplace dans la rue. L'atmosphère est animée et agréable, avec quelques excès. Il est certes amusant de passer quelques heures sur les marches d'une église ou sur un banc, mais attention aux amendes : sachez qu'après 20h, il est interdit d'acheter et de déambuler avec des bouteilles d'alcool en verre à la main.

Cafés et bars à cocktails

Procacci L'apéritif sera parfait avec un de leurs fameux sandwichs à la truffe arrosé d'un verre de vin. (p. 68)

ELENA.KATKOVA/SHUTTERSTOCK ©

MayDay Club Des cocktails originaux dans un club vintage. (p. 68)

Kitsch Deux Pour un apéritif dans une atmosphère extravagante. (p. 138)

Moyo Bar lounge très réputé, avec ambiance musicale. (p. 147)

Bistrot Cafè 19.26 Une petite touche parisienne pour ce café doté d'une belle salle pour la dégustation du rhum. (p. 159)

Volume Un des temples de la vie nocturne de l'Oltrarno. (p. 188)

Concerts

Caffè Letterario Café qui organise en été des concerts originaux en plein air. (p. 147)

Pubs et brasseries

Fiddlers Elbow Pub classique à l'irlandaise. (p. 91)

Public House 27 Le paradis des bières artisanales. (p. 92)

Soul Kitchen Cet établissement attire une clientèle variée et décontractée. (p. 147)

Rex Cafè Un des bastions de la vie nocturne florentine. (p. 159)

La Citè Parfait pour passer la soirée avec un livre accompagné d'un verre de vin. (p. 188)

Clubs et boîtes de nuit

YAB Cette boîte très appréciée d'une clientèle internationale est une garantie pour les noctambules. (p. 69)

Architecture, peinture et sculpture

Entre la Cattedrale Santa Maria del Fiore et le Palazzo Vecchio, de Santa Croce à Santa Maria Novella, jusqu'à l'Oltrarno, il n'y a pas un recoin de Florence où ne se niche quelque chef-d'œuvre de la peinture et de la sculpture, qui vous ravira.

Architecture romane

Florence s'est essentiellement développée à partir du XVᵉ siècle, mais on peut y voir nombre d'exemples spectaculaires de l'architecture romane toscane. Ne vous laissez cependant pas tromper par les façades du Duomo et de Santa Croce : ce sont des rénovations du XIXᵉ siècle.

Peinture gothique

Certaines salles de la galerie des Offices donnent un aperçu exceptionnel de la peinture gothique italienne. Mais les chefs-d'œuvre d'artistes tels que Giotto, Andrea Pisano, Masaccio et Masolino peuvent aussi être vus hors des musées : ils illuminent de nombreuses églises.

Chefs-d'œuvre de la Renaissance

L'art de la Renaissance a rendu Florence éternelle. À partir du XVᵉ siècle, la ville a été transfigurée grâce à des architectes, des peintres et des sculpteurs, appelés par les Médicis, dont la renommée est devenue immortelle. Michel-Ange, Botticelli, Donatello, Brunelleschi et le Pérugin, entre autres, ont laissé leur empreinte dans chaque *rione* (quartier) de part et d'autre de l'Arno.

Églises et basiliques

Santa Maria del Fiore L'ensemble comprend le Battistero di San Giovanni et le Campanile de Giotto, chefs-d'œuvre romans. (p. 32)

Santa Maria Novella Le crucifix de Giotto et le cycle de fresques de Paolo Uccello ne sont que deux des œuvres

ANIBAL TREJO/SHUTTERSTOCK ©

incontournables qui ornent cette sublime basilique. (p. 77)

Chiesa di Ognissanti Des œuvres de Giotto, Botticelli, Ghirlandaio... autant d'arguments pour visiter cette petite église sur les rives de l'Arno. (photo ; p. 85)

Cappelle Medicee
Les dépouilles des Médicis reposent dans les sépulcres de Michel-Ange. (p. 104)

Basilica di Santa Croce On y voit, entre les tombeaux de grands noms italiens, des fresques de Giotto, une croix de Cimabue, des peintures d'Orcagna et des structures architecturales de Brunelleschi. (p. 142)

Basilica di Santo Spirito
Au cœur du *rione* le plus animé de la ville, une basilique de Brunelleschi rythmée par 38 chapelles latérales. (p. 180)

Basilica di Santa Maria del Carmine La Cappella Brancacci, ornée de fresques de Masaccio et de Masolino, illustre clairement le passage du gothique à la Renaissance. (p. 182)

Basilica di San Miniato al Monte Le chef-d'œuvre de l'art roman toscan. (p. 195)

Musées

Galerie des Offices
Perdez-vous dans les couloirs de l'un des plus importants musées d'art au monde. Vous serez stupéfié par tant de beauté. (p. 38)

Museo del Bargello
La plus grande collection de sculptures Renaissance, avec des œuvres de Donatello et de Michel-Ange. (p. 60)

Museo Nazionale di San Marco Les cellules des moines qui vivaient dans cet ancien couvent sont décorées de fresques de Fra Angelico. (p. 129)

Galleria dell'Accademia
Le *David* de Michel-Ange est ici, entouré de dizaines d'autres œuvres d'art. (p. 131)

Palazzo Pitti Si la splendeur des Offices ne vous a pas rassasié, complétez vos connaissances en histoire de l'art dans cet immense musée de l'Oltrarno. (p. 170)

Mode

Florence, l'une des villes les plus élégantes d'Italie, est le berceau de quelques griffes mondialement connues. Les amateurs de mode se feront une joie de découvrir ses vitrines de luxe – qui sont de véritables écrins –, ses défilés et ses musées qui racontent l'histoire du costume.

Le pionnier des défilés

En 1951, Giovanni Battista Giorgini, un homme d'affaires exubérant, las de s'envoler à Paris pour refaire sa garde-robe, organisa à la Villa Torrigiani le premier défilé de mode italien : il connut immédiatement un succès mondial, et Florence devint l'une des capitales de la mode.

Une armée de stylistes

La période du boom économique après la guerre fut l'heure de gloire d'Emilio Pucci et de ses créations originales, et de Salvatore Ferragamo, cordonnier de Campanie devenu l'une des références des stars d'Hollywood en matière de chaussures. Quant à Guccio Gucci, il était déjà en 1960 synonyme de mode italienne de luxe. À l'ombre de ces colosses, une armée de jeunes stylistes allait bientôt émerger : Roberto Cavalli, Patrizia Pepe, Enrico Coveri ou Ermanno Scervino.

Pitti Immagine et les écoles

Aujourd'hui, tout au long de l'année, Florence organise divers événements liés à la mode, notamment l'importante foire internationale Pitti Immagine, comprenant défilés et présentations. Les futurs stylistes doivent savoir que Florence a trois écoles de mode reconnues.

Musées

Galleria del Costume
Cette galerie expose les créations des plus grands stylistes ainsi que des effets d'époque (XVIIe-XIXe siècle). (p. 172)

ELENA KATKOVA/SHUTTERSTOCK ©

Museo Capucci Tout un étage de la Villa Bardini pour observer en détail les splendides habits de soirée du styliste romain. (p. 200)

Gucci Garden Ce musée, qui expose notamment une Cadillac entièrement griffée, retrace l'histoire de la maison Gucci. (p. 58)

Museo Salvatore Ferragamo Les sous-sols du Palazzo Spini Ferroni accueillent chaque année des expositions approfondissant le rapport entre l'art et la mode. (p. 56)

Boutiques

Via de' Tornabuoni C'est le temple du luxe : les maisons Gucci, Prada, Dior, Emilio Pucci y ont pignon sur rue. (p. 55)

Oltrarno Des dizaines de jeunes stylistes italiens et étrangers ont ouvert leur atelier entre Pitti et Santo Spirito. (p. 189)

Événements

Pitti Immagine (www.pittimmagine.com). Chaque année, en janvier, on vient de loin pour assister aux défilés homme, femme et enfant. (page ci-contre)

Vintage Selection Cette foire a lieu deux fois par an, en janvier et en juillet. Des collectionneurs et chasseurs de tendance s'y disputent des pièces uniques et vintage. (p. 94)

Un tour des magasins d'usine, à la recherche de bonnes affaires

Autour de Florence, certains magasins d'usine vendent des vêtements de marque à des prix très intéressants. Le plus fréquenté est **The Mall** (☎055 865 77 75 ; www.themall.it ; Via Europa 8, Leccio Reggello ; ⏲10h-19h tlj). Un bus direct effectue le trajet toutes les 20 minutes, de Santa Maria Novella.

Parcs et jardins secrets

Un petit coup de mou ? Besoin d'un peu d'air ? Cela tombe bien, Florence compte de nombreux jardins. Mais attention : certains sont tellement bien cachés qu'il vous faudra organiser une chasse au trésor.

L'Oltrarno, entre villas et palais

Avec ses villas et ses palais, l'Oltrarno est le *rione* qui accueille les plus beaux parcs de la ville. Certains remontent au XVIe siècle, d'autres sont plus récents, mais tous brillent par leur élégance. Ornés de statues, fontaines, grottes et bassins, ils faisaient jadis l'orgueil de la noblesse florentine.

Des potagers au service de la science

Outre ces somptueux espaces paysagers, Florence compte également des jardins moins voyants, au service de la science. Au XVe siècle, nombreux étaient ceux où l'on cultivait des plantes officinales, dont les frères des couvents tiraient des tisanes et médicaments. L'Orto Botanico – derrière la Chiesa di San Marco – en est un bel exemple.

Les parcs publics

Les Florentins aiment profiter des nombreux parcs publics (www.verdeonweb.comune.fi.it) qui jalonnent la ville : ils permettent d'oublier un peu la circulation.

Pour un pique-nique

Parco delle Cascine Au printemps et en été, les Florentins sont nombreux à profiter des grandes pelouses de cette ancienne réserve de chasse des Médicis. (p. 98)

Giardino dell'Iris Selon certains, le symbole de Florence ne serait pas le lys mais l'iris : ce jardin en compte environ 2 000 variétés. (p. 196)

Les jardins de luxe

Boboli Le fameux jardin du Palazzo Pitti est un immense espace vert où il fait bon se perdre. (p. 170)

Giardino Torrigiani Derrière les imposants remparts de

JASPER SUIJTEN/SHUTTERSTOCK ©

Florence se trouvent un parc luxuriant truffé de symboles maçonniques et une tour élevée qui veille sur les toits de la ville. (p. 182)

Giardino Bardini Outre des pelouses fleuries, vous trouverez un *Kaffeehaus*, un grand escalier baroque et un petit jardin de style anglo-chinois. (p. 199)

Oasis secrètes

Museo Archeologico Nazionale Le petit jardin de ce musée recèle de superbes sépultures étrusques. (p. 134)

Orto Botanico Autrefois jardin de plantes officinales, ce jardin botanique est le troisième plus ancien d'Italie. (p. 134)

Palazzo Frescobaldi Derrière les portes de ce palais austère se cache un magnifique jardin entouré d'une glycine centenaire. (p. 180)

Giardino dell'Orticoltura La grande serre du XIXe siècle de style Art nouveau appartient à la Società Fiorentina di Botanica. Au sommet de la colline se trouvent les **Orti del Parnaso** (Via Trento 11 ; 8h-20h lun-dim), qui arborent des statues de lézards rappelant celles de Gaudí.

Le jardin de Pratolino

Non loin du centre se trouvait autrefois le parc de la plus grandiose des villas médicéennes, le **jardin de Pratolino** (p. 208). Aménagé pour le grand-duc François Ier, il était décoré de statues et d'automates actionnés par la force de l'eau. Aujourd'hui, la plupart de ces bizarreries ont disparu, mais la fontaine du *Colosse de l'Apennin* de Jean Bologne et la Grotta di Cupido sont impressionnantes.

Panoramas

ROBERTO EVANGELISTI/SHUTTERSTOCK ©

Bien que Florence soit relativement plate, elle offre quelques panoramas à couper le souffle. Certes, il faut être en forme pour les atteindre, mais vous serez récompensé par la vue. N'oubliez pas votre appareil photo.

Tours et campaniles

Coupole de Brunelleschi au Duomo On entre par la porte de la cathédrale et on sort sur les toits de Florence : la magie d'une ascension mystique au cœur d'une œuvre d'art. (p. 35)

Campanile di Giotto La montée est rude – 414 marches – mais vous prendrez des photos sensationnelles. (p. 36)

Torre di Arnolfo au Palazzo Vecchio C'est ici que, dans une cellule sans fenêtre, furent emprisonnés Côme l'Ancien et Savonarole. À 94 m du sol, on y respire plutôt un air de liberté. (p. 48)

Le Torrino della Specola Observatoire astronomique du XIXe siècle dominant l'Oltrarno à 360°. (p. 175)

Jardins et bastions

Giardino delle Rose L'endroit idéal pour une déclaration d'amour, parmi les rosiers, sur fond de toits florentins et d'Arno. (p. 197)

Forte di Belvedere Cette forteresse militaire inexpugnable offre une vue imprenable. (p. 181)

Places et terrasses

La terrasse des Offices Deux vues époustouflantes : l'Arno, des fenêtres de la galerie, et le Palazzo Vecchio, de la terrasse. (p. 39)

Museo di Orsanmichele Surprenant attique couvert, sur le toit de la plus étonnante église de la ville. (p. 59)

Villa Bardini Le balcon du Museo Annigoni, situé dans la villa du XVIIe siècle, vaut à lui seul le prix du billet d'entrée. (p. 199)

Piazzale Michelangelo Ce n'est pas pour rien que, chaque jour, des milliers de personnes accourent près de la copie en bronze du *David* pour admirer le panorama. (p. 196)

San Miniato al Monte Si vous aimez la solitude, asseyez-vous sur les marches de la basilique ou sur le muret du parvis, dans un cadre digne d'une carte postale. (p. 195)

Florence gratuit

SIMONA FLAMIGNI/SHUTTERSTOCK ©

Qui a dit que pour admirer les extraordinaires chefs-d'œuvre de la Renaissance, il fallait dépenser une fortune ? Certains musées, églises et lieux culte s'apprécient gratuitement..

Architecture

La cour du Palazzo Vecchio Dans la précieuse cour peinte et décorée de stucs, on respire encore l'atmosphère fastueuse des Médicis. (p. 46)

Torre della Castagna Une des rares maisons-tours médiévales encore debout. (p. 62)

Les Villas des Médicis Les 14 résidences de campagne des Médicis, inscrites au patrimoine mondial de l'Unesco. (p. 206)

Églises

Duomo La plus monumentale des églises florentines. (p. 32)

Basilica di Santo Spirito L'église compte 38 chapelles à explorer, et la sacristie comprend le délicat *Crucifix* en bois de Michel-Ange. (p. 180)

Musées

Loggia dei Lanzi Sous ce portique gothique de la Piazza della Signoria, observez les statues de Cellini et de Jean Bologne. (p. 58)

Officina Profumo-Farmaceutica di Santa Maria Novella Ce magasin est comme un musée du parfum : un régal pour le nez et les yeux. (photo ; p. 84)

Casa Rodolfo Siviero La résidence-musée de l'homme qui, après la Seconde Guerre mondiale, récupéra les œuvres volées par les nazis. (p. 198)

Fondazione Studio Marangoni Cette école d'arts visuels accueille d'intéressantes expositions de photographie. (p. 135)

Feel Florence

La rubrique "Expériences & itinéraires" du site **www.feelflorence.it** propose de nombreux itinéraires à pied ou à vélo à la découverte des zones les moins connues et les plus fascinantes de la ville.

Florence en 4 jours

CACIO MURILO/SHUTTERSTOCK ©

SIMONA BOTTONE/SHUTTERSTOCK ©

Après avoir scruté la façade du **Duomo** (p. 32) et le **Campanile de Giotto** (photo ; p. 36), pénétrez dans le **baptistère** (p. 36). Puis, cap sur le **Palazzo Vecchio** (p. 46), éternel cœur politique de Florence, pour respirer l'atmosphère de la vie privée et publique des Médicis. Après le déjeuner et avoir fait un tour à la **Loggia dei Lanzi** (p. 58), il est temps de découvrir les plus grands chefs-d'œuvre de l'histoire de l'art à la **galerie des Offices** (p. 38). Ensuite, rêvez un peu devant les boutiques de créateurs de **Via de' Tornabuoni** (p. 55) avant de rejoindre le **Ponte Vecchio** (p. 50) pour admirer le coucher du soleil sur l'Arno. Pour un apéritif festif, allez chez **Procacci** (p. 68) et réservez chez **Amblé** (p. 65) pour dîner.

Commencez par un cappuccino sur la terrasse de la **Biblioteca delle Oblate** (p. 151) avec vue sur la **coupole de Brunelleschi**. Rejoignez ensuite la **synagogue** (p. 144), dont les décorations mauresques vous plongeront dans une atmosphère digne des *Mille et Une Nuits*. La **Chiesa di Sant'Ambrogio** (p. 152) sera la dernière étape avant de savourer un succulent *lampredotto* (sandwich aux tripes de bœuf) à la **Tripperia Pollini** (p. 154). Vous serez à deux pas de la **Basilica di Santa Croce** (p. 142), qui abrite des fresques somptueuses et les dépouilles d' illustres Florentins. Faites également un détour au **Museo del Bargello** (photo ; p. 60). Les romantiques ne manqueront pas la **Badia Fiorentina** (p. 61), où Dante tomba éperdument amoureux de Béatrice.

RADIOKAFKA/SHUTTERSTOCK ©

DFLC PRINTS/SHUTTERSTOCK ©

Le troisième jour, de bonnes chaussures et un petit-déjeuner copieux sont de mise. Vous visiterez au pas de course la **Basilica di Santa Maria Novella** (p. 76) et le **Museo Novecento** (p. 84), pour avoir du temps à consacrer à la **Basilica di San Lorenzo** (p. 104), qui comprend les **Cappelle Medicee** (p. 106) et la **Biblioteca Medicea Laurenziana** (photo ; p. 112) conçue par Michel-Ange. Après le déjeuner, il vous faudra visiter l'incontournable **Galleria dell'Accademia** (p. 131) pour voir le "vrai" *David* de Michel-Ange, avant de vous rendre au **Museo di San Marco** (p. 129). L'apéritif culturel de la journée se passe sur le toit du **Spedale degli Innocenti** (p. 133), le premier orphelinat d'Italie, offrant un panorama à couper le souffle.

Consacrez votre dernière journée au quartier **Oltrarno** (p. 169). **Borgo San Frediano** (p. 183), avec la belle **Basilica di Santa Maria del Carmine** (p. 182), mérite une visite rapide, avant de pénétrer dans la solennelle **Basilica di Santo Spirito** (photo ;p. 180). Puis rendez-vous au **Palazzo Pitti** (p. 170) pour un déjeuner sur l'herbe au **Giardino di Boboli** (p. 173). Dans l'après-midi, découvrez les ateliers des artisans du quartier et visitez la **Specola** (p. 174), surprenant muséum qui ravira petits et grands. Montez ensuite à la **Basilica di San Miniato al Monte** (p. 195), chef-d'œuvre de l'art roman. S'il fait beau, cherchez l'endroit parfait au **Piazzale Michelangelo** (p. 196) pour admirer le magnifique coucher du soleil sur Florence.

Les basiques

Pour plus de détails, reportez-vous au *Carnet pratique* (p. 211)

Euro (€)

Italien

Non requis pour les pays de l'espace Schengen et la majorité des visiteurs séjournant moins de 90 jours.

Distributeurs bancaires très répandus. Cartes bancaires acceptées dans la plupart des commerces.

Pas de frais d'itinérance pour les visiteurs européens. Les autres visiteurs doivent se renseigner.

GMT/UTC + 1 heure. 2 heures en été.

Budget quotidien

Moins de 100 €

Auberge de jeunesse ou B&B : 25-70 €

Sandwich ou *lampredotto* à Santa Croce : 5 €

Dîner sans chichis au Mercato Centrale : 15 €

De 100 à 200 €

Chambre double à l'hôtel : 80-150 €

Déjeuner dans une trattoria du centre : 25 €

Une bonne *bistecca alla fiorentina* (côte de bœuf) : 40 €

Plus de 200 €

Chambre double en hôtel 4 étoiles : 200-500 €

Visite guidée privée du centre historique : 120 €

Dîner dans un restaurant haut de gamme : 130 €

À prévoir

Trois mois à l'avance Si vous êtes à Florence fin juin, achetez des billets pour le Calcio Storico Fiorentino.

Un mois à l'avance Réservez l'entrée à la galerie des Offices, au campanile de Giotto et à la coupole de Brunelleschi.

Une semaine à l'avance Jetez un coup d'œil au programme des concerts dans les bars les plus intéressants.

Arriver à Florence

En avion, vous atterrirez à l'aéroport Amerigo Vespucci, à 4 km au nord-ouest de Florence, ou à Galileo Galilei, près de Pise. Un bus les relie tous deux via le centre de la capitale toscane.

La **gare ferroviaire de Santa Maria Novella** se situe en plein centre.

L'**aéroport Amerigo Vespucci de Florence** (☎ 055 306 15 ; www.aeroporto.firenze.it) est situé à 4 km du centre-ville, et dessert Florence depuis les principales villes italiennes et européennes.

Tram T2 Vespucci (www.gestramvia.com ; billet intra-muros 1,50/1,80 € par sms ; 20-23 min ; toutes les 6-18 minutes ; 🕒 depuis l'aéroport 5h-00h04 dim-jeu, 5h-1h32 ven-sam ; depuis Unità 5h-0h30 dim-jeu, 5h-2h ven-sam). Il relie l'aéroport à Piazza dell'Unità Italiana et à Via Alamanni, toutes deux proches de la gare de Novella.

VolaInBus (☎ 800 37 37 60 ; www.fsbusitalia.it ; aller/aller-retour 6/10 € ; 20 min ; 🕒 depuis l'aéroport 10h30-20h30, depuis la gare routière 10h-20h) relie l'aéroport à la gare de Novella.

Comment circuler

Le réseau de transports publics florentin (ATAF), efficace, permet de visiter les principaux points d'intérêt de la ville et des alentours. Le centre historique se visite aisément à pied, mais n'hésitez pas à emprunter les bus et trams pour rallier les quartiers excentrés.

Bus

En 2021, la compagnie **Autolinee Toscane** a repris l'exploitation. Consultez les trajets, horaires et arrêts sur le site www.at-bus.it.

L'application TABNET permet d'acheter tous les types de billets et d'abonnements.

Le site www.at-bus.it liste également les 35 points de vente où acheter billets et abonnements.

Les billets peuvent être achetés dans les points de vente homologués qui présentent le logo des Autolinee Toscane, aux distributeurs automatiques des stations et arrêts, et par sms (billets intra-muros uniquement ; 1,50 € + frais supplémentaires variables selon l'opérateur) en envoyant le message FIRENZE au ☎ 488 01 05. Vous recevrez un sms avec un lien vers votre billet numérique sous forme de QR Code. Le billet est déjà validé.

Vélo en libre accès

Movi/Mobike met à disposition des vélos traditionnels et électriques. Téléchargez l'application, puis récupérez votre vélo ou votre trottinette. Comptez 0,50 €/30 min pour les vélos traditionnels à 0,20 €/min pour ceux à assistance électrique.

Taxi

Il est impossible de héler un taxi dans la rue. Pour en appeler un, composez le ☎ 055 42 42 ou le 055 43 90. Il existe de nombreuses stations en ville. Le prix minimum d'une course est de 5 €.

Tram

Le tram est un excellent moyen de transport pour se déplacer dans Florence. La ligne T1 circule entre Villa Costanza et Careggi, la ligne T2 entre l'aéroport et la gare de Santa Maria Novella. Le billet coûte 1,50 €.

Les quartiers de Florence

Duomo et Piazza della Signoria (p. 31)
Le cœur Renaissance de la ville, entre palais majestueux et musées enthousiasmants.

Santa Maria Novella (p. 75)
Ce *rione* cache des trésors à découvrir en toute tranquillité, et une multitude de magasins et de bars.

Pitti, Santo Spirito et l'Oltrarno (p. 169)
Passé l'Arno, la ville change de visage : la Florence d'autrefois existe encore ici, avec ses petits artisans et ses ruelles étroites. Mais les fêtards y trouveront aussi leur compte : c'est le temple de la vie nocturne.

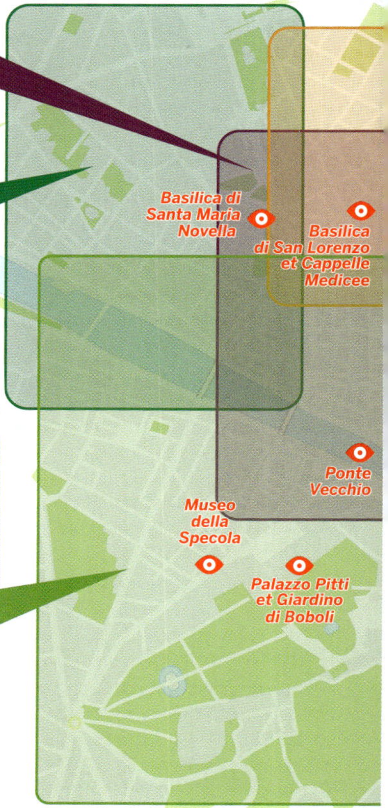

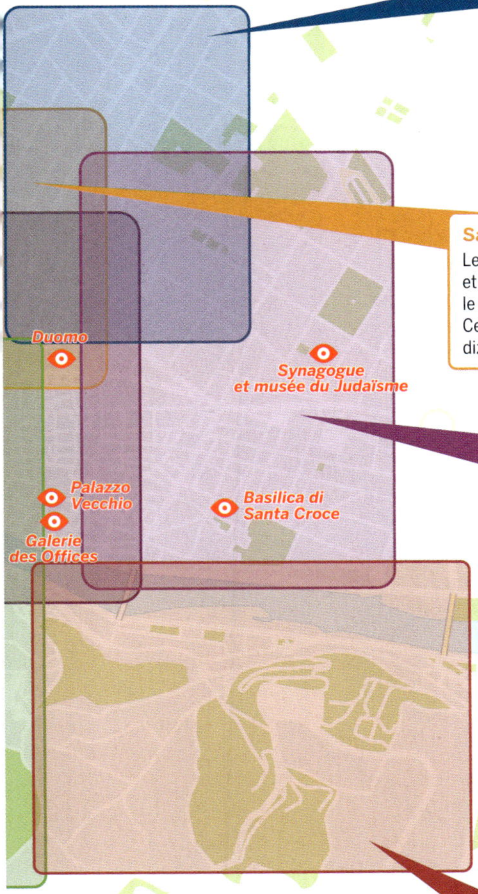

San Marco (p. 127)
Ce *rione* abrite d'émouvants musées, et accueille son habitant le plus illustre, le *David* de Michel-Ange.

San Lorenzo (p. 103)
Les Médicis y vécurent, et y sont enterrés. C'est aussi le quartier du Mercato Centrale, qui accueuille des dizaines de *trattorie* typiques.

Santa Croce (p. 141)
Ce quartier enchantera les amateurs d'atmosphère authentique et un peu bohème : ici foisonnent bars, restaurants et boutiques à la mode.

San Niccolò et San Miniato al Monte (p. 193)
Accrochés à une verte colline, ces deux quartiers regorgent de jardins luxuriants, de villas de maître et d'intéressants musées, rarement pris d'assaut.

Explorer Florence

Vaut le détour

Promenades à pied

Terrasse de restaurant sur le toit de la Loggia dei Lanzi (p. 58)

Explorer

Du Duomo à la Piazza della Signoria

La Florence de la Renaissance se concentre dans ce mouchoir de poche, occupé par de superbes palais nobiliaires, des musées remplis de chefs-d'œuvre et le Duomo (cathédrale) coiffé de sa coupole majestueuse. Mais le quartier ne se résume pas à ses monuments historiques : entre le Ponte Vecchio et la Piazza della Signoria, vous découvrirez une ville vivante et dynamique à toute heure du jour et de la nuit.

Notre sélection

- ***Duomo (p. 32)*** *Sa façade de marbre, le campanile de Giotto et la coupole de Brunelleschi en font l'emblème de Florence.*
- ***Galerie des Offices (p. 38)*** *Tout simplement l'une des plus importantes collections d'art au monde.*
- ***Palazzo Vecchio (p. 46)*** *Ce bâtiment gothique qui s'élève au-dessus des toits du centre historique a été pendant des siècles le cœur politique et administratif de la ville.*
- ***Ponte Vecchio (p. 50)*** *Impensable de quitter la merveille médicéenne sans prendre au moins une photo de cet iconique pont sur l'Arno.*

Comment y aller et circuler

Consultez le site www.at-bus.it et l'application TABNET pour les lignes, les horaires et les billets.

Plan p. 32

Vue du Complesso di Santa Maria del Fiore QQ7/SHUTTERSTOCK ©

Les incontournables

Duomo

Revêtue de marbre blanc, rose et vert, flanquée du campanile élancé de Giotto et coiffée de la coupole de Brunelleschi, la Cattedrale di Santa Maria del Fiore, ou Duomo, est le monument emblématique de Florence. Sa construction marie harmonieusement les styles gothique et Renaissance. Face à l'entrée, le Battistero di San Giovanni dissimule derrière ses portes massives en bronze d'éblouissantes mosaïques dorées.

PLAN P. 32, E3

www.duomo.firenze.it

tarif plein/réduit
5-25/3-15 €
selon les visites choisies

billetterie
9h15-17h45 tlj

Cathédrale

D'une taille imposante au milieu des étroites rues pavées du centre historique, le somptueux **Duomo** (cathédrale et crypte accès libre ; ⌚10h45-17h lun-sam, dernière entrée 16h30) constitue une prouesse d'ingénierie à laquelle contribuèrent les architectes florentins les plus illustres de leur temps. Sa conception fut confiée au Siennois Arnolfo di Cambio, puis à Giotto, Andrea Pisano et Francesco Talenti. Commencés en 1247, les travaux s'achevèrent près d'un siècle et demi plus tard, sans pour autant compromettre l'harmonie de l'ensemble. Mesurant 153 m de long sur 38 m de large, cette gigantesque église possède un transept de 90 m au centre duquel s'élève la coupole de Brunelleschi. Elle peut contenir jusqu'à 30 000 fidèles.

Façade

La façade du XIIIe siècle d'Arnolfo di Cambio, ornée de sculptures de Donatello et de Nanni di Banco, resta inachevée après la mort de l'architecte et fut démolie en 1587. Trois siècles plus tard, en 1867, Emilio de Fabris réalisa l'actuelle façade néogothique, en marbre blanc, rose et vert comme les côtés de la cathédrale. Les trois portails sont entourés de niches à colonnettes abritant des statues de la Vierge et des saints, de pontifes et de prélats florentins. Une grande rosace centrale domine le tout.

Flancs et portes

Les côtés du Duomo furent achevés au XVe siècle. La décoration en marbre blanc, vert et rose (provenant respectivement de Carrare, Prato et Sienne) fait écho au revêtement du campanile et du baptistère, mais tranche avec ce dernier par sa richesse et son luxe de détails. On peut rester des heures à admirer les fenêtres géminées, les lunettes et les tympans des portails, qui forment comme une

★ À savoir

- L'ascension du campanile et de la coupole nécessite une bonne forme physique.
- Des billetteries automatiques permettent de réserver un créneau pour la visite de la coupole et du campanile. On peut également effectuer l'opération via le site Web. Les horaires peuvent varier en cas d'événements exceptionnels.
- Évitez le lundi, jour de fermeture des musées nationaux, où l'attente devant la cathédrale est interminable.
- Si vous venez le jour de votre anniversaire, signalez-le à la billetterie pour bénéficier d'un accès gratuit au musée.

✗ Une petite faim ?

Le glacier **Edoardo** (plan p. 32 ; ☎055 28 10 55 ; www.edoardobio.it ; Piazza del Duomo 45/R ; ⌚11h-0h en été, 12h-22h en hiver) sert d'excellentes glaces bio, en cornet ou en coupe.

broderie délicate. Arrêtez-vous sur le flanc nord devant la **porte de la Mandorle** (par laquelle on accède à la coupole) et son bas-relief de l'*Assomption de Marie* (1414-1421), sculpté par Nanni di Banco. Sur le flanc sud, la **porte du Campanile** et la **porte des Chanoines**, caractéristique du gothique fleuri, retiennent particulièrement l'attention. En faisant le tour de la cathédrale, remarquez son plan : les absides du chevet, entre les nefs et le transept, n'évoquent-elles pas les pétales d'une fleur ?

Intérieur

La nef à trois vaisseaux, lumineuse et dépouillée, frappe par sa grandeur. La décoration Renaissance de cet écrin gothique fait jouer le contraste entre le

Un des vitraux du Duomo

calcaire blanc et la *pietra serena* (pierre tendre grise) des colonnes et des voûtes ogivales, qu'on retrouve dans toute l'architecture florentine des XVe et XVIe siècles. L'unique touche de couleur (en dehors des splendides **vitraux** élancés) est constituée par deux **peintures équestres** de monuments funéraires, le long du bas-côté droit. La première, réalisée par Andrea del Castagno, représente le condottiere Niccolò da Tolentino. Sur la seconde, un portrait du condottiere anglais John Hawkwood (1320-1394) signé Paolo Uccello, remarquez l'innovation de la perspective, et le cheval aux deux pattes de droite levées, position qui, dans la réalité, le ferait basculer. À côté, un peu avant la porte de la Mandorle, le **portrait de Dante** (1465) par Domenico di Michelino montre le poète devant ses mondes infernaux, tenant à la main La *Divine Comédie.* On reste subjugué par la profusion de personnages et de couleurs des **fresques de la coupole** (1572-1579), œuvres de Giorgio Vasari et Federico Zuccari illustrant le thème du Jugement dernier. Pour admirer de près le Christ en majesté et les damnés à ses pieds, il vous faudra monter par un escalier, puis parcourir une passerelle le long du tambour.

Sacristies

Sur les côtés de l'abside s'ouvrent deux sacristies aux portes surmontées de **lunettes en céramique** de Luca Della Robbia (1400-1481) représentant l'Ascension

Cathédrale Santa Maria del Fiore

et la Résurrection. La **sacristie des Messes** possède douze magnifiques panneaux de porte en bronze du même artiste. C'est ici que Laurent le Magnifique trouva refuge le 28 avril 1478 après que des membres de la famille Pazzi eurent tenté de l'assassiner durant l'office, tuant son frère Julien.

Coupole

Une fois l'intérieur du Duomo achevé, en un temps relativement bref pour l'époque, restait le problème de la **coupole** (tarif plein/réduit 20 €/10 € ; 8h15-19h45 lun-ven, 8h15-17h30 sam, 12h45-17h30 dim et vacances, dernière entrée 1 heure avant la fermeture). La base octogonale imaginée par Francesco Talenti était trop large, trop haute et pas assez solide pour utiliser le traditionnel cintre en bois destiné à soutenir le poids de la voûte pendant sa construction. En 1420, Filippo Brunelleschi eut l'idée d'une structure composée de deux calottes concentriques de taille différente, la première soutenant la seconde, de 54 m de diamètre. L'ouvrage nécessita 16 ans de travaux. Ne manquait plus que la statue devant orner l'un des contreforts (le *David* de Michel-Ange avait été commandé à cet effet) ainsi que la lanterne, coiffée en 1468 d'une grande sphère dorée d'Andrea del Verrocchio.

Pour monter tout en haut, à près de 90 m au-dessus du sol, et mieux comprendre le génie de Brunelleschi, il faut gravir 463 marches très raides. Vous serez alors amplement récompensé de votre effort par la vue panoramique sur la ville. Pour une expérience unique, prenez le billet comprenant l'accès aux **terrasses** entourant la cathédrale (25 €). Mais attention au vertige !

Cripta di Santa Reparata

Dans le bas-côté droit, des escaliers mènent à la **crypte** (crypte et cathédrale accès libre ; 🕘10h45-17h lun-sam, dernière entrée 16h30) située dans les vestiges de la **Basilica di Santa Reparata**, sur lesquels fut érigé le Duomo. La basilique à trois nefs, séparées par des colonnes massives et terminées par une abside semi-circulaire, aurait été bâtie entre le IVe et le Ve siècle. L'espace confiné de la crypte ne permet guère d'apprécier ses vastes dimensions, mais le **pavement en mosaïque** d'empreinte byzantine, en particulier le grand paon au milieu du vaisseau central, donne un aperçu de sa splendeur initiale. À la fin du parcours, derrière la librairie, remarquez la pierre tombale de Brunelleschi, entourée de cierges.

Campanile

Un escalier de 414 marches conduit au sommet du campanile (tarif plein/réduit 15/7 € ; 🕘8h15-19h45 tlj, dernière entrée 18h45), d'où l'on jouit d'une vue somptueuse sur Florence. Conçue par Giotto, qui en supervisa le chantier de 1334 à sa mort en 1337, cette tour carrée de 85 m est revêtue de précieux **marbres polychromes**. En faisant le tour de la base, notez les **bas-reliefs** et les 16 **statues** en marbre (ce sont des copies, les originales sont au Museo dell'Opera del Duomo). Les premiers, sculptés au milieu du XIVe siècle par Andrea Pisano et son atelier, représentent notamment les planètes, les vertus théologales et cardinales, et la naissance des arts. Les secondes, placées dans des niches ogivales, sont de Nanni di Bartolo, Andrea et Nino Pisano. On doit à Donatello les prophètes *Malachie*, *Isaïe* et *Zacharie* (1408-1420).

Battistero di San Giovanni

Le sobre baptistère (billet combiné baptistère et musée tarif plein/réduit 10/5 € ; 1er mar du mois baptistère uniquement 5/3 € ; 🕘11h15-17h45 , dernière entrée 17h30 ; une partie du baptistère était en restauration au moment de nos recherches) dédié au saint patron de la ville est l'édifice le plus ancien du Duomo et sans doute le plus évocateur. Construit selon un plan octogonal et coiffé d'un toit pyramidal, il inaugure le style roman florentin. Son origine reste cependant sujette à débat. D'après certains historiens, il aurait été bâti à l'époque paléochrétienne, vers le IVe siècle, sur les ruines d'un temple de Mars. D'autres le font remonter aux environs de l'an mille.

Le **revêtement** en marbre blanc et vert, du milieu du XIIe siècle, est rythmé par trois bandes horizontales portant des motifs géométriques, des arcs en plein cintre aveugles et de petites fenêtres éclairant l'espace liturgique. Les trois **portes en bronze** (1329-1452) arborent de superbes bas-reliefs d'Andrea Pisano et de Lorenzo Ghiberti illustrant des scènes de l'Ancien et du Nouveau Testament. À l'intérieur, les colonnes et panneaux rappellent la décoration des murs extérieurs, tandis qu'un impressionnant **cycle de mosaïques** dorées sur le thème du Jugement dernier et de la vie de Jésus, œuvre d'artisans vénitiens de la fin du XIIIe siècle, recouvrent la coupole – qui semble reposer sur le *matroneum* – et l'abside. À droite de celle-ci, l'antipape Jean XXIII repose dans un **monument funéraire** (1422-1428) de Donatello et Michelozzo.

Museo dell'Opera del Duomo

Grande Museo del Duomo

Derrière la cathédrale, ce musée (billet combiné avec le baptistère tarif plein/réduit 10/5 € ; ⌚10h15-16h45, dernière entrée 16h30 ; fermé 1er mar du mois) de 28 salles a rouvert en 2015 après de longs travaux. Il conserve plus de 750 statues, bas-reliefs et autres trésors du Duomo, créés par des artistes majeurs de la Renaissance florentine. Les portes en bronze originelles du baptistère, dont l'exceptionnelle **Porta del Paradiso**, les sculptures du campanile, une reconstitution de la façade médiévale, la *Pietà* de Michel-Ange et la *Madeleine pénitente* de Donatello figurent parmi les pièces maîtresses.

Le Museo dell'Opera del Duomo

Les incontournables

Galerie des Offices

Avec deux millions de visiteurs par an, la galerie des Offices fut le premier musée public d'Europe, fondé en 1591 par le grand-duc de Toscane Ferdinand Ier de Médicis. Ce palais en fer à cheval imaginé par Vasari pour réunir les symboles de la ville – l'Arno et le Palazzo Vecchio – offre une plongée fascinante dans l'histoire de l'art italien à travers les chefs-d'œuvre des grands maîtres tels que Giotto, Cimabue, Botticelli, Léonard de Vinci, Michel-Ange et Raphaël.

PLAN P. 32, E7

www.uffizi.it

Piazzale degli Uffizi 6

tarif plein/réduit 20/2 €, audioguide 6 €

8h15-18h50 mar-dim

Palazzo degli Uffizi

C'est en 1560, que Côme Ier chargea Vasari de concevoir ce gigantesque palais en forme de U, destiné à accueillir l'administration urbaine, les magistrats et les corporations, d'où son nom (*uffizi* signifie "bureaux"). Les deux corps parallèles du bâtiment, supportés chacun par une colonnade de style dorique et reliés par un bref corridor offrant une vue spectaculaire sur l'Arno, avaient déjà perdu dès 1584 leur fonction initiale pour servir de lieu d'exposition.

Collection

On doit aux Médicis, grands amateurs d'art classique et mécènes audacieux, la quasi-totalité des pièces exposées. Au noyau antique, constitué au Cinquecento, s'ajoutèrent ensuite des œuvres provenant d'églises, de couvents dissous et de donations privées. Le musée possède aujourd'hui une collection à donner le tournis où figurent tous les noms illustres de l'art toscan de la Renaissance, de Botticelli à Michel-Ange et Léonard de Vinci en passant par Piero della Francesca.

Corridors

S'ils peuvent sembler négligeables par rapport aux salles, le **corridor du Ponant** et le **corridor du Levant** constituent le noyau originel des Offices et méritent à ce titre un regard attentif. Les bustes en marbre et les statues d'époque romaine partagent l'espace, sous la corniche du plafond décorée de motifs grotesques, avec des portraits de la famille Médicis et de son entourage. À l'époque de l'ouverture du musée au public, il y a plus de quatre siècles, les visiteurs pouvaient contempler les mêmes œuvres.

Gothique et Renaissance

La délicate *Maestà di Ognissanti* de Giotto (vers 1310), la *Madonna Rucellai* de Duccio di

★ À savoir

- Les audioguides disponibles à l'entrée s'avèrent très utiles pour s'y retrouver parmi les trésors des collections.
- Consultez le site Web au sujet des visites guidées gratuites et événements spéciaux (concerts, lectures, théâtre...).

✕ Une petite faim ?

La **Terrazza Caffetteria Bartolini** (☎055 200 11 26 ; www.bartolini1967.it ; ⌚8h15-22h mar et 8h15-18h50 mer-dim), seul bar du lieu, a installé ses tables sur la terrasse du musée, d'où la vue est imprenable.

Buoninsegna (1285) et la *Maestà di Santa Trinita* de Cimabue (1290) au regard malicieux se détachent au milieu d'un festival d'ors et de cadres gothiques. Viennent ensuite les écoles siennoise et florentine du XIVe siècle. Attardez-vous dans la **salle A7** devant l'*Adoration des mages* (1423) de Gentile da Fabriano. *Portraits du duc et de la duchesse d'Urbin* (vers 1465-1472), célèbre diptyque de Piero della Francesca peint des deux côtés exposé dans la **salle A9**, tranche avec le précédent par son réalisme sans concession.

Botticelli

Les **salles A11 et A12**, toujours bondées, renferment des tableaux de Sandro Botticelli. S'il faut jouer des coudes pour contempler *Le Printemps* (vers 1478) et la *Naissance de Vénus* (vers 1484), on peut en revanche s'émouvoir devant la magnétique *Madone du Magnificat* (1481) aux cheveux d'or et au visage diaphane ou s'interroger face à la féroce *Calomnie d'Apelle* (vers 1495), qui dénote l'influence de Savonarole (voir l'encadré p. 131) sur le peintre.

Tribune

Presque au bout du corridor du Levant s'ouvre la **Tribune** (1581), écrin octogonal où les Médicis conservaient leurs plus précieux trésors artistiques. Entre la coupole incrustée de nacre, la rose des vents, le riche pavement en marbre et les murs rouges représentant les quatre éléments (eau, air, terre et feu) se détachent des toiles du Tintoret et d'Andrea del Sarto ainsi que des sculptures antiques.

La *Vénus* de Botticelli

HUNTER BLISS IMAGES/SHUTTERSTOCK ©

Billets à prix réduits et visites spéciales

La Galerie des Offices propose aux visiteurs qui souhaitent découvrir les moindres secrets du musée une offre aussi large que variée. Elle couvre les visites guidées traditionnelles, les visites tactiles et les parcours thématiques, jusqu'aux audioguides d'auteur pour se plonger complètement dans l'esprit et dans l'époque des tableaux et des sculptures qui sont présentés, sans oublier les expositions et manifestations temporaires, ainsi qu'un riche calendrier d'événements. Plus de détails sur le site Internet du musée. C'est aussi une excellente source d'informations pour les visiteurs qui souhaitent économiser sur le prix des billets d'entrée d'autres musées de la ville. Il est possible, par exemple, d'entrer gratuitement au Museo Archeologico Nazionale (p. 134) ou à l'Opificio delle Pietre Dure (p. 132) avec le billet des Offices.

Quattrocento

Les **salles A19 à A21** abritent des tableaux d'artistes lombards, vénitiens et émiliens de la première Renaissance (XVe siècle) : Mantegna (*Histoires de la vie du Christ*), Giovanni Bellini (*Allégorie sacrée*) et Antonello da Messina (*Vierge en majesté avec l'Enfant couronnée par deux anges*) ne sont que quelques exemples des artistes exposés dans ces salles, placées entre les deux corridors, Levant et Ponant.

Cinquecento

Si vous aimez les coups de pinceaux doux, les visages joufflus et les paysages bucoliques, sachez que les toiles du Pérugin, de Ghirlandaio, Filippino Lippi et Luca Signorelli sont dans les **salles A25 à A32**. La **salle A35** est pour sa part dominée par le plus grand génie de l'art et de la culture italiennes, Léonard de Vinci. Le clou de la nouvelle installation est *L'Annonciation* (1475), à nouveau resplendissante après une restauration réalisée par l'Opicifio delle Pietre Dure (p. 132). L'ange vient de toucher le sol, il replie ses ailes, les pages des Saintes Écritures frémissent sous le déplacement d'air, la Vierge les maintient pour qu'elles ne se froissent pas. Le bras posé sur le livre vous semble plus long que l'autre ? Vous avez raison. Erreur ou choix de perspective ? Penchez-vous sur l'*Adoration des Mages* (1482) ou le *Baptême du Christ* (1475) de Verrocchio, pour vous aider à trancher.

Raphaël et Michel-Ange

La **salle A38**, elle aussi récemment réaménagée, recèle certains des chefs-d'œuvre les plus sublimes et délicats de la peinture Renaissance de Toscane et du centre de l'Italie. Mais ils pâlissent presque devant la vedette absolue de la salle, le *Tondo Doni* (1504), seul tableau connu de Michel-Ange. Marie, dans l'herbe, dont le mouvement qu'elle fait pour tendre Jésus à Joseph lui découvre l'épaule, est extrêmement moderne. Autour de vous se trouvent également des toiles de Raphaël, dont la si douce *Vierge au chardonneret*, et les portraits de Maddalena et Agnolo Doni, les nobles qui commandèrent le tableau circulaire à Michel-Ange. On raconte qu'ils ne le lui payèrent jamais, malgré la beauté et la perfection de l'œuvre.

L'Hermaphrodite endormi

De dos, cette réplique romaine en marbre d'une statue hellénistique du IIe siècle av. J.-C. (il en existe également une au musée du Louvre) présente toutes les courbes d'un corps féminin. De face, ses attributs sont clairement ceux d'un homme.

Flamands et maniérisme

Au 1er étage, les **Sale Blu** (fermées au public pour travaux) sont consacrées à la peinture flamande, française et espagnole, avec des œuvres de Rubens, Brueghel l'Ancien, Van Dyck, Goya et Rembrandt. Les suivantes mettent à l'honneur, entre autres, Andrea del Sarto (1486-1530), Raphaël (1483-1520) et les maniéristes (Rosso Fiorentino, Pontormo, Allori, Bronzino, Vasari...).

Titien et les peintres vénitiens et toscans du Cinquecento

Les dernières salles du musée se sont récemment enrichies de 14 nouvelles

La *Vierge au chardonneret* de Raphaël

TAKASHI IMAGES/SHUTTERSTOCK ©

NATALIYA NAZAROVA/SHUTTERSTOCK ©

Le Corridor de Vasari vu de l'Arno

œuvres de la peinture vénitienne et toscane du XVIe siècle, toutes dans le corridor du Ponant. On peut s'émerveiller devant des peintures de Giorgione (1477-1510) et du Parmigianino (1503-1540), avant de s'intéresser de près **salle D22** à la sensuelle *Vénus d'Urbin* (1538) de Titien, commandée par Guidobaldo della Rovere. À court d'argent, le duc d'Urbin demanda à sa mère, la dévote Éléonore de Mantoue, de payer l'artiste, ce qu'elle refusa, tant elle était scandalisée par le sujet. Notez le petit chien assoupi au côté de la belle dénudée, la main sur le pubis. Guidobaldo souhaitait que son épouse soit ainsi : docile et fidèle comme l'animal, mais provocante comme la déesse lascive.

Dans les salles suivantes, on peut admirer la sévérité des œuvres du Tintoret, de Lotto et de Véronèse, qui complètent la collection des peintres du nord de l'Italie et accompagnent les visiteurs vers la fin de l'exposition.

École caravagesque

Les clairs-obscurs du Caravage (1571-1610) et de ses disciples illuminent les **salles D29 à D33**, à côté de l'espace réservé aux expositions temporaires. La *Méduse* (1598) du maître, d'une "effroyable beauté", rivalise d'intensité dramatique avec la *Judith décapitant Holopherne* (1614) d'Artemisia Gentileschi.

VVOE/SHUTTERSTOCK ©

La Tribune des Offices

Chiesa di San Pier Scheraggio

Le musée organise parfois des visites guidées de cette église du Xe siècle, que Vasari fit partiellement démolir et intégra à la structure des Offices (les colonnes visibles sur le flanc du palais, dans la Via della Ninna, délimitaient jadis le chœur). Des fresques de Botticelli et d'Andrea del Castagno ornent l'intérieur.

Corridor de Vasari

En 1565, Vasari réalisa un long couloir suspendu reliant le Palazzo Vecchio (p. 46) au Palazzo Pitti (p. 170), surplombant les Offices et l'Arno, pour permettre aux grands-ducs de passer de l'une à l'autre de leurs résidences sans se mêler à la population. Malheureusement, en raison de problèmes de sécurité, cet étroit passage, où est exposée la plus grande collection au monde d'autoportraits des XVIIe et XVIIIe siècles (près de 700 œuvres, qui seront déplacées dans différentes salles devant ouvrir prochainement aux Offices), est fermé depuis 2016. Le musée projette de rouvrir ce corridor, d'une longueur de 765 m, courant 2022, avec une installation nouvelle, où on pourra admirer des fresques du XVIe siècle, 30 sculptures antiques et une collection d'épigraphes et d'autres inscriptions grecques et romaines. Elles prendront place entre ses 73 fenêtres, d'où l'on peut aussi admirer des points de vue sur la ville. Si vous souhaitez le visiter, renseignez-vous sur le site ou auprès de la billetterie du musée pour avoir des informations à jour.

Galerie des Offices

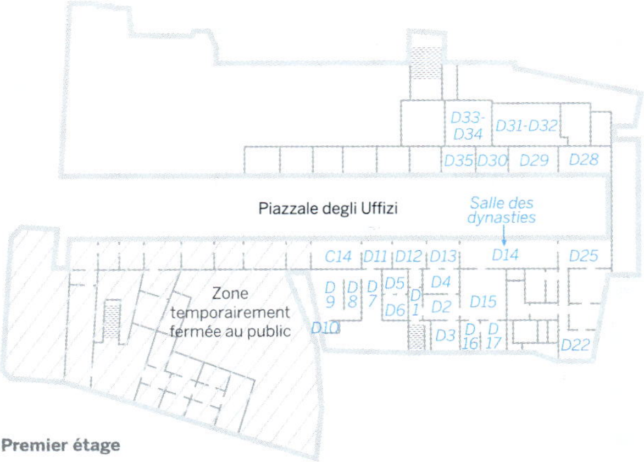

Premier étage

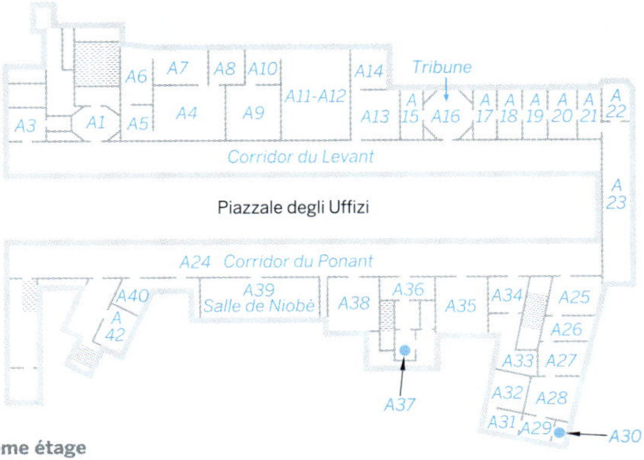

Deuxième étage

Les incontournables

Palazzo Vecchio

Siège du pouvoir politique depuis plus de sept siècles, ce fleuron de l'architecture médiévale caractérise à lui seul le paysage florentin. La Torre di Arnolfo, mince beffroi de 94 m de haut, et le David de Michel-Ange érigé devant l'entrée du palais font partie depuis toujours des emblèmes de la cité. Pénétrez dans les appartements privés et les pièces secrètes des Médicis pour découvrir les coulisses du formidable théâtre que fut Florence à la Renaissance.

PLAN P. 32, E6

www.museicivicifiorentini.comune.fi.it

Piazza della Signoria

tarif plein/réduit 12,50/10 €

9h-19h ven-mer et 9h-14h jeu oct-mars ; 9h-23h ven-mer et 9h-14h jeu avr-sept

Le palais-forteresse

Bâti entre 1299 et 1414 pour accueillir la *signoria* (seigneurie, gouvernement municipal), le "Vieux Palais" était la résidence des neuf *priori*, consuls tirés au sort tous les deux mois parmi les membres des corporations. Arnolfo di Cambio, également architecte de la cathédrale et de la Basilica di Santa Croce, a conçu un édifice à mi-chemin entre le palais nobiliaire et le château fort, avec créneaux, murs à bossage et haute tour de guet. À la fin du Quattrocento, Savonarole (p. 131) entreprit de nombreuses modifications intérieures, mais il faudra attendre l'installation de Côme Ier en 1540 pour que le bâtiment, agrandi sur l'arrière, prenne son aspect actuel.

Statues

Quatre statues imposantes trônent sur l'*arengario* d'où les *priori* assistaient aux cérémonies officielles. Le lion en *pietra serena* dont la patte avant droite repose sur le blason de Florence orné d'une fleur de lys est le fameux *Marzocco* de Donatello, auteur également du *Judith et Holopherne* (1460) en bronze juste à côté. À droite du portail se dresse *Hercule et Cacus* (1533) de Baccio Bandinelli. Mais la vraie star, c'est le *David* de Michel-Ange, juste à côté. Ce n'est qu'une copie, (comme le *Marzocco, dont l'original* est au Museo del Bargello ; ceux de *Judith et Holopherne* et du *David* sont à la Galleria dell'Accademia), mais c'est une des œuvres les plus photographiées.

Cours et salle d'armes

Le portail principal débouche sur un réseau labyrinthique de cours intérieures dessinées par Arnolfo di Cambio et modifiées au fil des siècles, que vous traverserez ainsi que la salle d'armes pour rejoindre la billetterie. La première, conçue par Michelozzo et remaniée par Vasari, frappe par l'harmonie de ses lignes Renaissance. Ses arcades aux belles colonnes stuquées abritent

★ À savoir

- Le *David* de Michel-Ange se trouve à la Galleria dell'Accademia (p. 131), la statue du Palazzo Vecchio n'étant qu'une copie.
- L'association **Mus.e** (☎ 055 276 82 24 ; www.musefirenze.it ; ⏰ voir sur le site Web) fournit d'excellents conseils et des kits ludiques et pédagogiques pour les enfants. Sachez que les moins de 7 ans ne peuvent accéder à la tour.

✕ Une petite faim ?

Le Cortile Dogana à l'intérieur du palais abrite une **cafétéria** (mêmes horaires que le musée).

des peintures représentant les villes des Habsbourg en hommage à Jeanne d'Autriche, qui épousa le grand-duc François Ier de Médicis en 1565.

Salone dei Cinquecento

Cœur du Palazzo Vecchio, cette salle aux dimensions impressionnantes fut réalisée à la demande de Savonarole pour accueillir le Conseil des Cinq-Cents de la République florentine après qu'il eut chassé les Médicis du pouvoir en 1494. Au siècle suivant, Côme Ier la transforma en salle d'audience du peuple, dont il confia les travaux à Vasari (le duc est représenté en dieu au centre du plafond à caissons en bois doré à la feuille). On doit également à celui-ci les fresques monumentales glorifiant les succès militaires de Florence sur ses éternelles rivales Pise et Sienne. Léonard de Vinci avait été chargé de peindre la *Bataille d'Anghiari*, mais un choix technique malheureux l'empêcha de mener son travail à bien. Quant à Michel-Ange, sa *Bataille de Cascina* ne dépassa pas le stade du carton. On peut en revanche admirer sur place l'une de ses sculptures, le *Génie de la Victoire* (1534).

Le Studiolo de François Ier

Du fond de la salle des Cinq-Cents, on accède au somptueux cabinet de travail commandé par Côme Ier à Vasari et une équipe de maniéristes florentins pour son fils François Ier de Médicis, introverti et passionné d'alchimie. C'est une petite pièce rectangulaire, magnifique exemple de maniérisme florentin, fermée par une voûte en berceau ornée de fresques. Les murs sont entièrement couverts de panneaux peints, qui dissimulent des armoires et passages secrets. À moins que le gardien vous laisse jeter un coup d'œil, l'endroit se visite uniquement dans le cadre d'un circuit guidé.

Appartements privés

Les 1er et 2e étages renferment les appartements privés (*quartieri*) des ducs. Le **quartier de Léon X** et le **quartier des Éléments** éblouissent par la richesse de leur décoration, leur mobilier et les fresques de Vasari célébrant les membres de la famille Médicis. Gardez toutefois un peu d'émerveillement pour le **quartier d'Éléonore**, du côté opposé, et le **quartier des Prieurs** : la chapelle d'Éléonore, entièrement décorée de fresques de Bronzino (1540-1565), forme un écrin de toute beauté, tandis que la **salle du Lys** et la **salle des Audiences** sont des lieux qui exaltent le pouvoir civique de la seigneurie.

Torre di Arnolfo

La dure ascension de la tour via le chemin de ronde permet de contempler un panorama spectaculaire sur la ville. Presque en haut de l'escalier, une lourde porte dissimule l'*Alberghetto* ("petite auberge"), surnom ironique de la petite cellule dans laquelle furent emprisonnés tour à tour Côme l'Ancien (1433) et Savonarole (1498).

Le duc la quitta pour l'exil, mais le prédicateur fut pendu et brûlé sur la Piazza della Signoria (p. 57).

Donation Loeser

Avant de sortir du palais, visitez la collection de la Mezzanine, entre les 1er et 2e étages. Une trentaine de peintures et de sculptures du Moyen Âge et de la Renaissance s'intègrent dans des espaces évoquant une demeure florentine du Quattrocento.

Parcours archéologique

Des fouilles entreprises en 2003 dans les fondations du Palazzo Vecchio ont mis au jour des vestiges architecturaux de la cité romaine de Florentia. Même si le parcours n'a rien d'exceptionnel et conserve un petit air de chantier provisoire, on peut découvrir ces ruines au frais en suivant un réseau de passerelles depuis les abords de la billetterie. Parmi les cinq espaces dégagés, vous reconnaîtrez un théâtre de l'époque d'Auguste et des tronçons de rues pavées médiévales. Interdit aux moins de 18 ans.

Salon Cinquecento

Exposition "Tracce di Firenze"

Au rez-de-chaussée derrière la billetterie, deux petites salles retracent l'évolution urbanistique de Florence depuis le Moyen Âge. Une section permanente présente des peintures, gravures et dessins.

Les incontournables

Ponte Vecchio

Bondé à toute heure du jour et même de la nuit, le monument phare de Florence résiste depuis 1345 aux aléas de l'histoire et aux crues furieuses de l'Arno. Ce robuste pont à trois arches, bordé de boutiques de joaillerie et d'orfèvrerie, constitue une étape obligée et dévoile à chaque passage de nouvelles perspectives.

PLAN P. 32, C8

Accès entre la Via Por Santa Maria et le Lungarno degli Archibusieri et entre le Borgo San Jacopo et la Via de' Guicciardini

Pont

Plusieurs fois rebâti au cours des siècles (une passerelle enjambait déjà l'Arno à cet endroit au Ier siècle av. J.-C.), le Ponte Vecchio date sous sa forme actuelle de 1345. L'architecte Neri di Fioravante (ou Taddeo Gaddi selon Vasari) employa une technique révolutionnaire : au lieu des nombreuses travées serrées des ponts romains, il dota l'ouvrage de trois larges arches surbaissées, évitant ainsi aux ordures charriées par le fleuve de rester coincées entre les piles.

Boutiques

En 1442, les boucheries qui empestaient le centre-ville furent contraintes de s'installer sur le Ponte Vecchio. Un siècle plus tard, suite à la construction du corridor de Vasari (p. 44) surmontant le flanc gauche du pont, le grand-duc Ferdinand Ier leur substitua des échoppes de joailliers et d'orfèvres. Les descendants de ces derniers tiennent toujours boutique près de la terrasse où trône le buste de Benvenuto Cellini.

Tours

Des quatre tours qui contrôlaient jadis les accès au pont, seule subsiste la Torre dei Mannelli, vers l'Oltrarno. Les autres furent détruites à la fin de la Seconde Guerre mondiale. Pour une raison inconnue, les Allemands épargnèrent le Ponte Vecchio.

★ À savoir

- Découvrez le Ponte Vecchio de préférence au crépuscule, quand le soleil couchant illumine les façades des palais du Lungarno.
- De la terrasse au centre du pont, levez les yeux vers le toit de la première boutique du côté droit ; le croissant de lune au sommet d'une tige est un cadran solaire datant de 1345.
- Pour éviter une amende salée, n'attachez pas de cadenas à la grille qui entoure le buste de Cellini.

✕ Une petite faim ?

Le **Caffè Neri** (plan p. 52, C8 ; ☎055 230 28 22 ; www.caffeneri.it ; Via de' Guicciardini 3/R ; ⌚8h-20h30), vers l'Oltrarno, prépare des gâteaux et des tartelettes aux fruits vraiment délicieux.

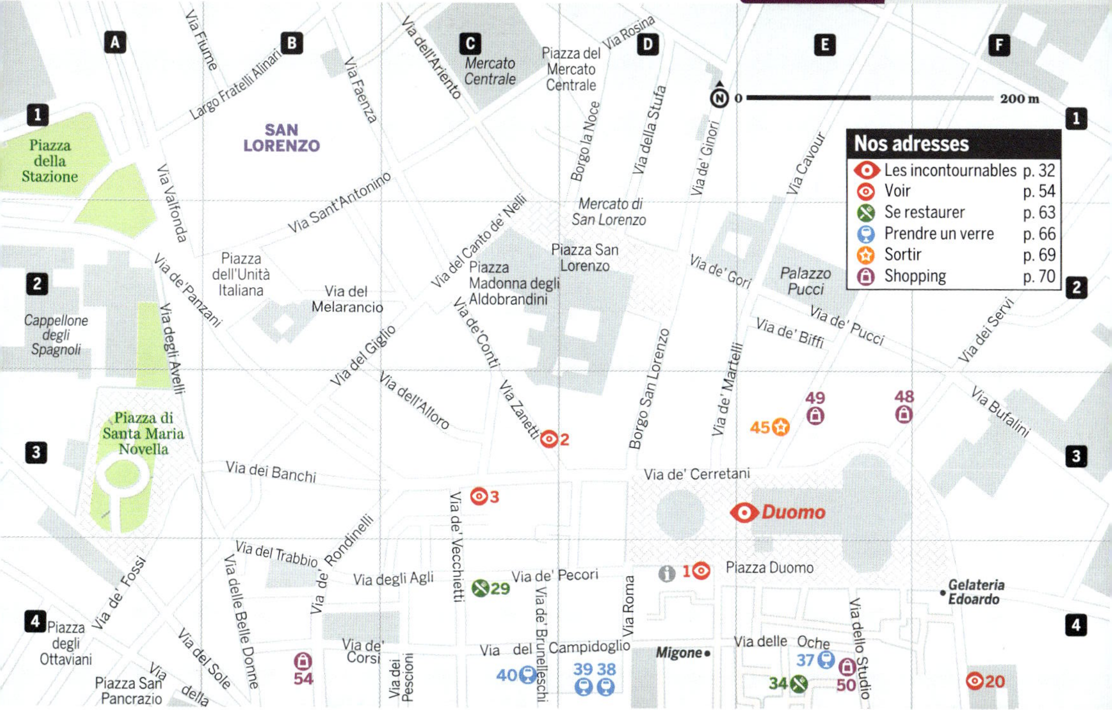
Nos adresses
Les incontournables p. 32
Voir p. 54
Se restaurer p. 63
Prendre un verre p. 66
Sortir p. 69
Shopping p. 70
0
200 m
A
B
C
D
E
F
1
2
3
4
Piazza della Stazione
Via Fiume
Largo Fratelli Alinari
Via Faenza
Via dell'Ariento
Mercato Centrale
Piazza del Mercato Centrale
Via Rosina
SAN LORENZO
Via Valfonda
Via Sant'Antonino
Borgo la Noce
Via della Stufa
Via de' Ginori
Via Cavour
Mercato di San Lorenzo
Via del Canto de' Nelli
Piazza San Lorenzo
Piazza Madonna degli Aldobrandini
Piazza dell'Unità Italiana
Via del Melarancio
Via de'Panzani
Cappellone degli Spagnoli
Via degli Avelli
Via de' Gori
Palazzo Pucci
Via de' Biffi
Via de' Pucci
Via dei Servi
Via del Giglio
Via de'Conti
Via dell'Alloro
Via Zanetti
2
Borgo San Lorenzo
Via de' Martelli
49
48
45
Via Bufalini
Piazza di Santa Maria Novella
Via dei Banchi
Via de' Cerretani
3
Duomo
Via de' Rondinelli
Via del Trabbio
Via de' Vecchietti
Via degli Agli
29
Via de' Pecori
Via de' Brunelleschi
Via Roma
1
Piazza Duomo
Gelateria Edoardo
Via de' Fossi
Via delle Belle Donne
Piazza degli Ottaviani
Via del Sole
Via della
Piazza San Pancrazio
54
Via de' Corsi
Via dei Pescioni
Via del Campidoglio
40
39 38
Migone
Via delle Oche
37
34
50
Via dello Studio
20

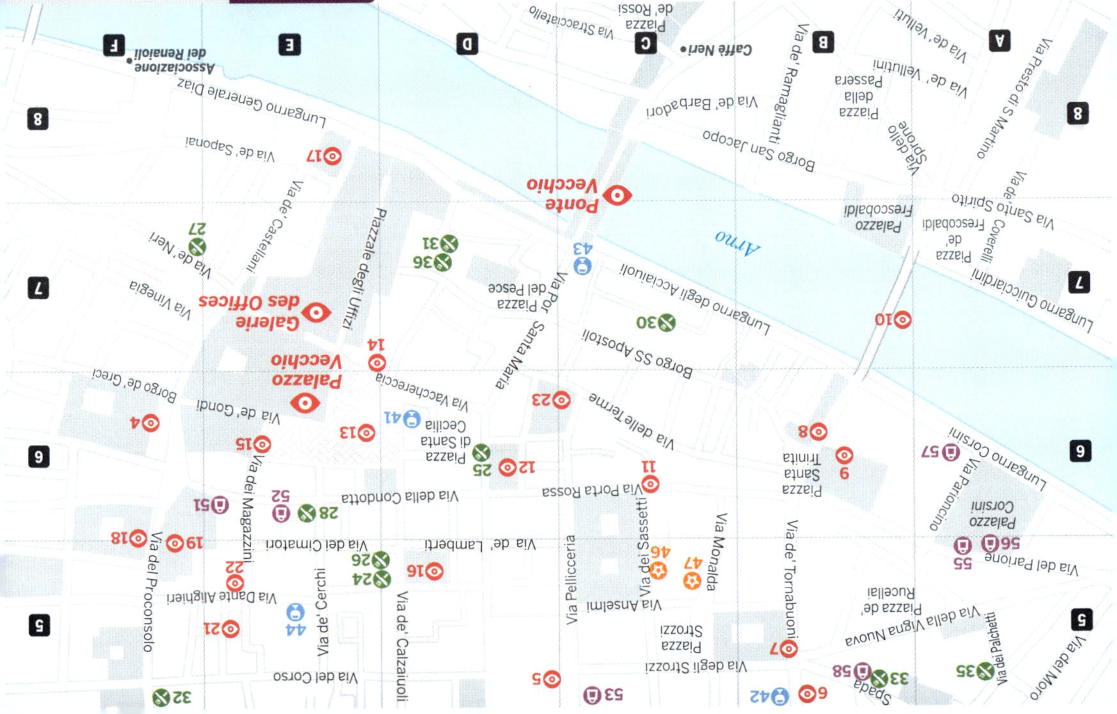
Palazzo Vecchio
Galerie des Offices
Ponte Vecchio
Arno
Via del Corso
Via de' Cerchi
Via Dante Alighieri
Via del Proconsolo
Via dei Magazzini
Via dei Cimatori
Via de' Calzaiuoli
Via della Condotta
Via de' Lamberti
Piazza di Santa Cecilia
Via Vacchereccia
Piazzale degli Uffizi
Via de' Gondi
Borgo de' Greci
Via Vinegia
Via de' Neri
Via de' Castellani
Via de' Saponai
Lungarno Generale Diaz
Associazione dei Renaioli
Via Pellicceria
Via Porta Rossa
Via Santa Maria
Via Por Santa Maria
Piazza del Pesce
Via delle Terme
Borgo SS Apostoli
Lungarno degli Acciaiuoli
Via Anselmi
Via dei Sassetti
Via Monalda
Via degli Strozzi
Piazza Strozzi
Via de' Tornabuoni
Piazza Santa Trinita
Via della Vigna Nuova
Piazza de' Rucellai
Spada
Via dei Palchetti
Via del Moro
Via del Parione
Palazzo Corsini
Via Parioncino
Lungarno Corsini
Lungarno Guicciardini
Piazza de' Frescobaldi
Palazzo Frescobaldi
Via de' Coverelli
Via Santo Spirito
Via dello Sprone
Piazza della Passera
Via de' Velluti
Via de' Vellutini
Via Presto di S Martino
Borgo San Jacopo
Via de' Ramaglianti
Via de' Barbadori
Caffè Neri
Piazza de' Rossi
Via Stracciatello
A
B
C
D
E
F
5
6
7
8
4
5
6
7
8
9
10
11
12
13
14
15
16
17
18
19
21
22
23
24
25
26
27
28
30
31
32
33
35
36
41
42
43
44
46
47
51
52
53
55
56
57
58

Voir

Loggia del Bigallo MUSÉE

1 PLAN P. 32, D4

Au Moyen Âge, on déposait les bébés non désirés sous les arches de marbre de cette loggia donnant sur Santa Maria del Fiore. Ils étaient recueillis par la Compagnia di Santa Maria della Misericordia, installée ici à partir du début du XIVe siècle, puis par la Compagnia du Bigallo, qui s'y établit en 1425. Au 1er étage, l'ancien dortoir des enfants, le **Museo del Bigallo** (055 28 84 96 ; Piazza San Giovanni 1 ; entrée libre ; 9h-19h lun-sam et 9h-14h dim) expose la modeste collection d'art des deux confréries. Sur la fresque de la dernière salle, *La Madone de la Miséricorde* de Bernardo Daddi (1280-1348), remarquez la représentation de Florence au XIVe siècle et la façade d'origine du Duomo. (Piazza San Giovanni 1)

Ouvert le lundi

Presque tous les musées de la ville ferment le lundi, à l'exception des suivants : Palazzo Davanzati (p. 57), Museo di Orsanmichele (p. 59), Museo Archeologico (p. 134), Opificio delle Pietre Dure (p. 132), Museo Novecento (p. 84), Museo Bandini (p. 166) et Museo del Bigallo (ci-dessus). En revanche, les églises ouvrent normalement tous les jours.

Museo di Casa Martelli MUSÉE

2 PLAN P. 32, C3

Le Palazzo Martelli fut pendant des siècles la résidence d'une famille nobiliaire auprès de laquelle Donatello vécut en pension. Les sombres salles de style baroque renferment des œuvres de Salvator Rosa, Luca Giordano et Brueghel le Jeune. Vous découvrirez durant la visite diverses curiosités du palais, parmi lesquelles le jardin d'hiver et la salle de bains, décorés en trompe-l'œil. (055 21 67 25 ; Via Zanetti 8 ; visite guidée avec entrée libre ; toutes les heures 9h-12h sam)

Chiesa di Santa Maria Maggiore ÉGLISE

3 PLAN P. 32, C3

Cette église romane recèle un splendide reliquaire en bas-relief peint du XIIIe siècle. Attribué à Coppo di Marcovaldo, il pourrait en réalité être de facture byzantine. À l'extérieur, repérez le visage féminin en marbre sur le mur du campanile. La *Berta*, comme l'appellent les Florentins, aurait été changée en pierre pour s'être moquée de Cecco d'Ascoli (poète contemporain de Dante) sur le chemin du bûcher en 1327. (055 21 59 14 ; Vicolo di Santa Maria Maggiore 1 ; 7h30-12h et 16h-19h30)

Museo Fondazione Franco Zeffirelli MUSÉE

4 PLAN P. 32, F6

Non loin du Palazzo Vecchio et de l'Arno, l'ancien ensemble de

FABIANODP/SHUTTERSTOCK ©

Persée, de Benvenuto Cellini, sous la Loggia dei Lanzi (p. 58)

San Firenze, du baroque tardif, qui abritait jusqu'à peu le tribunal florentin, a été reconverti en musée consacré à Franco Zeffirelli. Les salles pittoresques présentent plus de 250 œuvres (croquis de scène, de mode, dessins) qui reconstituent son parcours, de ses débuts aux côtés de Luchino Visconti à ses réalisations cinématographiques et mises en scène d'opéra. (☎055 21 59 14 ; www.fondazionefrancozeffirelli.com ; Piazza San Firenze 5 ; tarif plein/réduit 12/8 € ; ⏲10h-18h mar-dim)

Piazza della Repubblica — PLACE

5 👁 PLAN P. 32, C5

Jusqu'en 1865, c'est ici que battait le cœur de la ville. Puis Florence fut proclamée capitale de l'Italie et le secteur, qui abritait le Mercato Vecchio et le ghetto, fut entièrement rasé, au grand déplaisir des habitants. Une plaque sur le monument célèbre avec emphase ce projet urbanistique. Le manège au centre de la place plaira aux enfants.

Via de' Tornabuoni — RUE

6 👁 PLAN P. 32, B5

Des dizaines de demeures nobiliaires et des vitrines d'enseignes prestigieuses bordent cette élégante rue pavée, qu'empruntaient à la Renaissance les carrosses en provenance du Palazzo Pitti (p. 170). Derrière les lourds portails se cachent des cours évoquant la Florence d'un autre temps.

Palazzo Strozzi MUSÉE

7 PLAN P. 32, B5

Reconnaissable à sa sobre façade en bossage, ce palais Renaissance en *pietra forte* est le plus imposant de Florence. Il fut conçu à la fin du XVe siècle pour le banquier Filippo Strozzi, l'un des grands rivaux politiques et commerciaux des Médicis, par Benedetto da Maiano, l'architecte favori de Laurent le Magnifique, mais jamais achevé. Ses salons accueillent des expositions consacrées aux artistes du Novecento, et les sous-sols abritent le centre d'art contemporain La Strozzina. (055 264 51 55 ; www.palazzostrozzi.org ; www.strozzina.org ; cour et galerie en accès libre, horaires et tarifs variables selon les expositions)

Rincer son linge dans l'Arno

Sur le portail du Palazzo Gianfigliazzi (Lungarno Corsini 4), à côté du Ponte di Santa Trinita, une inscription rappelle le séjour d'Alessandro Manzoni à Florence en 1827. L'auteur des *Fiancés* (*I Promessi sposi*) résida quelque temps à cette adresse afin d'améliorer sa connaissance de la langue italienne et parfaire ainsi son roman. À ce propos, il écrivit à sa mère : *"Nelle acque di quest'Arno risciacquai i miei cenci."* ("Dans les eaux de l'Arno, j'ai rincé mes draps"). Depuis, l'expression *"Sciacquare i panni in Arno"* ("rincer son linge dans l'Arno") signifie chercher à s'exprimer en utilisant les termes justes.

Museo Salvatore Ferragamo MUSÉE

8 PLAN P. 32, B6

Ce musée spectaculaire aménagé dans les caves de l'austère Palazzo Spini Feroni abrite le quartier général de la maison Salvatore Ferragamo. Après avoir jeté un coup d'œil aux sacs et aux chaussures, faites-vous accompagner au sous-sol, transformé en bel espace d'exposition. (055 356 28 46 ; www.ferragamo.com/museo ; Piazza di Santa Trinita 5/R ; tarif plein/réduit 8/4 € mais le prix peut varier selon l'exposition ; 11h-19h30)

Basilica di Santa Trinita BASILIQUE

9 PLAN P. 32, B6

Une façade un peu anonyme de Bernardo Buontalenti (1594) dissimule l'une des plus vieilles églises florentines, édifiée dans le style gothique à partir de 1250 sur les vestiges d'une petite église romane. Elle comporte trois nefs, flanquées chacune de cinq chapelles, et suit un plan inhabituel en forme de croix égyptienne, rythmé par de minces piliers soutenant des croisées d'ogives. Dans le transept droit, la **Cappella Sassetti** recèle un cycle de fresques (1482-85) de Domenico Ghirlandaio retraçant la vie de saint

François d'Assise. Les murs de la troisième chapelle du bas-côté droit (celle avec la grille) ont été peints par Lorenzo Monaco (vers 1370-1425), le maître de Fra Angelico. (☎055 21 69 12 ; Piazza di Santa Trinita ; ⏲7h-12h et 16h-19h)

Ponte di Santa Trinita PONT

10 👁 PLAN P. 32, B7

Beaucoup moins bondé que le Ponte Vecchio, ce pont construit en 1567 revêt une place particulière dans le cœur des Florentins, sans doute parce qu'il offre une magnifique perspective sur son célèbre voisin et qu'il mène en un instant du centre-ville au cœur de l'Oltrarno. Avec sa silhouette gracieuse et ses statues figurant les saisons, il possède un charme indéniable, surtout au coucher du soleil. (Lungarno degli Acciaiuoli ; Lungarno Guicciardini)

Palazzo Davanzati PALAIS

11 👁 PLAN P. 32, C6

Pour savoir comment vivait une famille aisée au Moyen Âge, franchissez le porche en bossage du Palazzo Davanzati, au bout de la Via Porta Rossa. Acquis en 1518 par les marchands dont il porte le nom, ce palais massif du milieu du XIVe siècle a été réaménagé avec du mobilier et des objets d'époque. Le Salone Madornale et la Sala dei Pappagalli, ornée de fresques représentant des perroquets, retiennent l'attention. Les 2e et 3e étages, qui abritent notamment les cuisines et les quartiers des domestiques, se visitent sur réservation. (☎055 238 86 10 ; Via Porta Rossa 13 ; tarif plein/réduit 6/3 € ; ⏲8h45-13h45 mer-jeu 13h45-18h30 ven-lun, fermé 3e et 5e dim du mois)

Loggia del Mercato Nuovo LOGGIA

12 👁 PLAN P. 32, C6

Sous les hautes voûtes de la Loggia del Mercato Nuovo (1551), initialement destinée au commerce de la laine et de la soie, se trouvent à présent de nombreux étals de maroquinerie. À l'une des extrémités, on se bouscule pour frotter le groin et glisser une pièce dans la gueule du sanglier de la **Fontana del Porcellino**. Cette sculpture du début du XVIIe siècle, copie en bronze d'une œuvre hellénistique conservée au Museo Bardini, a la réputation de porter chance. (Via Porta Rossa)

Piazza della Signoria PLACE

13 👁 PLAN P. 32, E6

Caractérisée par le sévère Palazzo Vecchio, cette place incarne le pouvoir politique depuis sa création en 1268 et servit pendant des siècles de lieu de rassemblement, d'exécution et de fête. Au centre trône la **Fontana del Nettuno** (1565), allégorie de la domination du grand-duché de Toscane sur les mers. Divinités fluviales, chevaux marins et satyres accompagnent le Neptune en marbre de la fontaine, surnommé le *Biancone*

Les Médicis

La route qui conduisit les Médicis de la campagne du Mugello au Palazzo Vecchio est une véritable saga mêlant argent et pouvoir.

L'ascension politique

À la fin du XIVe siècle, **Jean de Médicis** (1360-1429), issu d'une riche lignée de marchands, fonde la banque éponyme, promise à devenir l'une des plus importantes d'Europe. Lorsque son fils **Côme l'Ancien** (1389-1464) lui succède, la république de Florence est gouvernée par les Albizzi à la tête d'une oligarchie de grandes familles. Il parvient toutefois à devenir *gran maestro* (chef d'État officieux) en 1434. Humaniste, il s'affirme comme le mécène éclairé de la culture et des arts florentins.

Laurent le Magnifique

Pierre Ier de Médicis (1416-1469) endosse à son tour le costume de *gran maestro*, avec moins de talent que son père. Son héritier, **Laurent le Magnifique** (1449-1492), réforme les institutions et accroît son prestige en commissionnant les plus grands artistes de la Renaissance. Il laisse cependant une banque en difficulté, situation exacerbée par l'incompétence de son fils, Pierre II de Médicis (1472-1503).

("grand blanc") par les Florentins peu séduits par son esthétique. La **statue équestre de Côme 1er** (1594), œuvre en bronze de Jean Bologne, se dresse un peu plus loin. Les cafés sélects et le va-et-vient des badauds contribuent à l'animation ambiante.

Loggia dei Lanzi — LOGGIA

14 PLAN P. 32, E7

La loggia gothique sise sur la Piazza della Signoria doit son nom aux lansquenets (*lanzichenecchi*) du duc Alexandre de Médicis qui y résidèrent. Elle fut convertie en galerie d'art au XVIe siècle. On peut admirer sous ses trois arcades le splendide *Persée tenant la tête de Méduse* (1545-1554) en bronze de Benvenuto Cellini et *L'Enlèvement des Sabines* (1574-1580) de Jean Bologne, entre autres trésors du Cinquecento. (Piazza della Signoria ; entrée libre)

Gucci Garden — MUSÉE

15 PLAN P. 32, E6

Dans l'ancien palais du **Tribunale della Mercanzia** (1359), siège de la maison de luxe, ce musée célèbre la marque fondée en 1921 par Guccio Gucci. Outre la boutique, on y trouve un excellent restaurant tenu par le chef Massimo Bottura, et un espace d'exposition. L'iconique logo du double G est le fil rouge qui retrace

De la papauté au déclin

En 1494, Savonarole (p. 131) et les opposants à la dynastie profitent de l'intervention du roi de France Charles VIII pour chasser les Médicis de Florence. Malgré le long exil familial, Jean, deuxième fils de Laurent le Magnifique, s'assure le rang de cardinal avant de devenir le pape **Léon X** en 1513. Son cousin Jules de Médicis (1478-1535) l'imite en 1523, sous le nom de **Clément VII**. En 1532, il obtient de l'empereur Charles-Quint le titre de duc de Florence pour son neveu (ou fils naturel) **Alexandre le Maure** (1510-1537). **Côme Ier** (1519-1574), qui lui succède en 1537, reçoit du pape le titre de grand-duc de Toscane, étendant sa domination sur toute la région. Son fils aîné **François Ier** (1541-1587), marié à Jeanne d'Autriche, s'intéresse davantage aux sciences naturelles qu'au pouvoir et meurt empoisonné. Il incombera au second, **Ferdinand Ier** (1549-1609), de redorer le blason du Grand-Duché. À sa mort, le déclin des Médicis s'accélère et la lignée s'éteint en 1737. Les nouveaux maîtres de Florence sont désormais les Habsbourg-Lorraine.

la production du créateur. (055 75 92 70 10 ; www.gucci.com ; Piazza della Signoria 10 ; tarif plein/réduit 9/7 € ; 10h-19h)

Chiesa di Orsanmichele ÉGLISE

16 PLAN P. 32, D5

La charmante et discrète église de couleur ocre qui borde la Via Calzaiuoli résulte de la conversion, à la fin du XVe siècle, d'une loggia de 1240 abritant un marché au grain. Les arcs en plein cintre furent remplacés par de gracieuses fenêtres trilobées et les piliers percés de niches pour accueillir les statues de saints patrons offertes par les corporations de la ville. Au-dessous des médaillons en céramique de Luca Della Robbia figurent des copies d'œuvres en marbre et en bronze de Donatello, Ghiberti, Verrocchio, Brunelleschi et Jean Bologne. Les originaux se trouvent au **musée** à l'étage, desservi par un escalier à l'intérieur d'un pilier. Dans le sanctuaire, le splendide **tabernacle** en marbre d'Orcagna (1359) évoquant une cathédrale gothique miniature encadre la *Madonna delle Grazie* (1348), peinture sur bois de Bernardo Daddi. (055 29 48 83 ; Via Arte della Lana ; 2 € ; visite guidée uniquement 9h30, 10h40, 11h50 mar, 14h15, 15h25, 16h35 sam)

Via dei Georgofili

Derrière la galerie des Offices passe la Via dei Georgofili, où une voiture piégée contenant 300 kg de TNT explosa dans la nuit du 26 mai 1993, tuant cinq personnes. L'attentat contre le musée fut perpétré par la Mafia dans sa guerre contre l'État, au cours de laquelle les juges Falcone et Borsellino perdirent également la vie. Un grand "olivier de la Paix" se dresse aujourd'hui sur le site et l'on peut lire un poème émouvant écrit par Nadia (9 ans), l'une des victimes.

Museo Galileo

MUSÉE

17 PLAN P. 32, E8

Les salles de ce musée consacré à la science exposent d'étranges, mystérieux et très compliqués instruments scientifiques, dont la sphère armillaire (un appareil étonnant qui simulait le mouvement des corps célestes selon la conception ptoléméenne de l'univers, où la Terre était au centre du cosmos), réalisée entre 1588 et 1593 par Antonio Santucci, ou les longues-vues grâce auxquelles Galilée découvrit les satellites de Jupiter. Des reproductions de ces machines permettent d'appréhender tactilement certains phénomènes physiques. (055 26 53 11 ; www.museogalileo.it ; Piazza dei Giudici 1 ; tarif plein/réduit 10/6 € ; 9h30-18h mer-lun et 9h30-13h mar)

Museo del Bargello

MUSÉE

18 PLAN P. 32, F6

La plus riche collection de sculptures Renaissance au monde occupe l'austère palais du Bargello, construit en 1255, et où le *podestà* (podestat) rendit justice jusqu'en 1502. La grande **Sala Michelangelo** du rez-de-chaussée présente quatre sculptures de jeunesse de Michel-Ange : *Bacchus* (1497), qui montre le dieu ivre appuyé sur un satyre malicieux, et le *Tondo Pitti*, une Vierge à l'Enfant inachevée d'une rare intensité. Les étages supérieurs, desservis par un escalier monumental, renferment des œuvres d'Andrea del Verrocchio, Benvenuto Cellini, Giovanni Della Robbia et Mino da Fiesole. Les pièces maîtresses restent toutefois le délicat *David* (1432) en bronze, le *Marzocco* (1420) et le *San Giorgio* (1417) de Donatello. À côté des objets en ivoire, admirez la superbe **Cappella della Madonna** où priaient les condamnés à mort. Ses fresques ont été peintes par l'atelier de Giotto (1340) et l'on distingue le visage de Dante parmi les anges du paradis. (055 064 94 40 ; www.bargellomusei.beniculturali.it ; Via del Proconsolo 4 ;tarif plein/réduit 10/2 € ; 8h45-13h30 lun-ven, 8h45-19h sam, 8h45-13h30 1er, 3e et 5e dim du mois, 9h-14h 2e et 4e dim du mois)

La collection d'instruments scientifiques du Museo Galileo

Badia Fiorentina

ÉGLISE

19 PLAN P. 32, F5

L'*Apparition de la Vierge à saint Bernard* (1485) de Filippino Lippi justifie la visite de la sombre église en croix grecque au plafond à caissons ouvragé dans laquelle fut célébré le mariage de Dante. Le lundi de 15h à 18h, des visites guidées permettent de découvrir le **Chiostro degli Aranci** (cloître des Orangers, 1432-1438) et son cycle de fresques du peintre portugais Giovanni Consalvo illustrant la vie de saint Benoît. (055 26 44 02 ; Via del Proconsolo 17 ; visite guidée 3 € 15h-18h lun ; 7h-19h mar-sam)

Museo Etno-Antropologico

MUSÉE

20 PLAN P. 32, F4

Le musée d'Ethnologie et d'Anthropologie de l'université de Florence, dans le **Palazzo Nonfinito** (1593-1613), s'intéresse aux peuples des cinq continents. Une partie des pièces provient des collections rassemblées par les Médicis dès le début du XVIe siècle. Ce voyage autour du monde plaît généralement aux enfants, même si les momies péruviennes, les crânes et les têtes réduites pourront en effrayer certains. (055 275 77 20 ; Via del Proconsolo 12 ; tarif plein/réduit 6/3 € ; 9h-13h mar et jeu, 13h-19h30 mer, 13h-17h ven, 10h-18h sam-dim)

Guelfes et gibelins

L'Italie du XIIIe siècle fut ensanglantée par une guerre féroce entre deux factions politiques rivales, les guelfes soutenant le pouvoir temporel du pape, les gibelins celui de l'Empereur. Cette opposition naquit en réalité à Florence pour des motifs plus personnels qu'idéologiques. Selon Dante, l'élément déclencheur fut le refus de Buondelmonte de' Buondelmonti d'épouser sa promise pour réconcilier sa famille et celle des Amidei. En 1216, ces derniers se vengèrent de l'affront en assassinant l'intéressé aux abords du Ponte Vecchio. Ils coalisèrent autour d'eux les maisons Uberti et Lamberti, d'obédience impériale, tandis que les Buondelmonti s'alliaient avec les Pazzi et les Donati. Le conflit qui allait dévaster la ville et toute la Péninsule ne faisait que commencer.

Casa di Dante

MUSÉE

21 PLAN P. 32, E5

Si rien n'atteste que Dante ait réellement vécu dans cette maison-tour située derrière la Badia Fiorentina, certains touristes s'y bousculent. En 2020, la muséographie a été revue dans une perspective historique. Les trois étages du petit palais accueillent désormais des panneaux didactiques qui expliquent comment on vivait dans la Florence du XIVe siècle, ainsi que deux salles d'immersion. La première vous fera imaginer que vous êtes un preux chevalier au plus fort de la bataille de Campaldino, qui opposa Florence et Arezzo en 1289, la seconde vous mettra dans les pas de Dante pendant le voyage dans l'au-delà de la *Divine Comédie* (on y trouve notamment une collection de soixante-dix traductions de l'œuvre). Pour jouir d'un point de vue sur les toits du quartier, prenez l'ascenseur. (055 21 94 16 ; www.museocasadidante.it ; Via Santa Margherita 1 ; tarif plein/réduit 8/5 € ; 10h-17h mar-dim oct-mars, 10h-18h lun-dim avr-sept)

Torre della Castagna

TOUR

22 PLAN P. 32, E5

La tour du XIe siècle bien conservée où les *priori* se réunissaient et votaient les décisions à l'aide de châtaignes (*castagne*) compte parmi les doyennes de la ville. L'Association nationale des vétérans et anciens combattants garibaldiens (ANVRG) a aménagé à l'intérieur un petit musée de reliques du Risorgimento. (055 239 61 04 ; Via Dante Alighieri 2 ; entrée libre ; horaires variables, assurément 16h-18h jeu)

Cour du Museo del Bargello (p. 60)

Palagio di Parte Guelfa

PALAIS

23 PLAN P. 32, C6

Si vous trouvez le portail ouvert, n'hésitez pas à entrer dans le palais labyrinthique adossé à l'ancienne **Chiesa di Santa Maria Sopraporta**, actuelle **bibliothèque municipale** (055 261 60 29 ; 9h-22h lun-ven et 9h-13h sam). Bâti au début du XIVe siècle comme quartier général des guelfes florentins (voir l'encadré page ci-contre), il fut agrandi et remanié à diverses reprises, notamment par Vasari et Brunelleschi. Ce dernier réalisa le grand salon. (Piazza di Parte Guelfa 1)

Se restaurer

Perché no!...

GLACES €

24 PLAN P. 32, E5

En activité depuis 1939, ce glacier artisanal très apprécié des Florentins satisfait les palais les plus exigeants grâce à une infinité de parfums. Laissez-vous tenter par celui de rose, pignon, *zuppa inglese* ou curry. En septembre, goûtez impérativement la figue. (055 239 89 69 ; Via dei Tavolini 19/R ; 11h-23h mer-lun et 12h-20h mar mars-nov, 12h-20h mer-lun nov-fév)

Venchi

GLACES €

25 PLAN P. 32, D6

Les glaces de la fameuse chocolaterie turinoise située devant la Loggia del Mercato Nuovo restent des valeurs sûres, quoique plus chères que la moyenne. La queue au comptoir peut décourager. (☎055 28 85 05 ; Piazza del Mercato Nuovo 6/7 ; 🕒8h-23h dim-jeu, 8h-0h ven-sam)

I Fratellini

SANDWICHS €

26 PLAN P. 32, E5

Ce mouchoir de poche a la réputation de confectionner les meilleurs sandwichs de Florence et ne bouscule pas les clients, contrairement à ses concurrents plus fréquentés. Choisissez parmi la trentaine de garnitures habituelles ou demandez conseil. (☎055 239 60 96 ; Via dei Cimatori 38/R ; sandwich à partir de 5 € ; 🕒10h-19h)

Vitrine du glacier Venchi (p. 63)

ANTONIO GRAVANTE/SHUTTERSTOCK ©

All'Antico Vinaio

FOCACCIAS €

27 PLAN P. 32, F7

Si la longue file d'attente vous effraie, sachez que le jeu en vaut la chandelle. La focaccia garnie de jambon cru, mozzarella, tomates et crème à la truffe connaît un franc succès, mais les options ne manquent pas, des légumes grillés aux conserves à l'huile. (☎055 238 27 23 ; www.allanticovinaio.com ; Via dei Neri 74/R ; 5 € ; 🕒10h-23h)

Il Cernacchino

SANDWICHS, PLATS FROIDS €

28 PLAN P. 32, E6

Un comptoir, une poignée de tables et le sourire de Giuliana et Francesca : voici la recette de ce petit établissementqui prépare de délicieux *panini scavati* (sandwichs "creusés") et plats froids avec des ingrédients provenant du marché. Mention spéciale pour le sandwich au *peposo*, un ragoût toscan bien relevé. (☎055 29 41 19 ; Via della Condotta 38/R ; 5-8 € ; 🕒8h-19h30 lun-sam, plus dim lors des fêtes)

Self Service Leonardo

SELF-SERVICE €

29 PLAN P. 32, C4

Ce self-service d'aspect très touristique constitue une excellente option pour manger correctement à prix doux en plein centre-ville. Choisissez parmi les portions généreuses puis attablez-vous comme à la cantine. (☎055 28 44 46 ; Via dei Pecori 11 ; repas 7-15 € ; 🕒11h45-14h45 et 18h45-21h45)

Amblé

RESTAURANT €

30 PLAN P. 32, C7

Entre le restaurant gastronomique et la boutique vintage (enseignes rétro, fauteuils en cuir ou encore luminaires), Amblé a rapidement acquis une place privilégiée dans le cœur des Florentins. On vient ici pour les *tramezzini* (sandwichs au pain de mie), spécialité de la maison, à accompagner d'un milk-shake aux fruits frais. Sinon, prenez une grosse salade ou le plat chaud du jour. (055 26 85 28 ; www.amble.it ; Piazza dei Del Bene 7/A ; 10-20 € ; 18h30-0h lun, 12h-15h30 et 18h30-0h mar-ven, 12h-0h sam-dim)

'Ino

SANDWICHS GOURMANDS €

31 PLAN P. 52, D7

Cette *bottega* accueillante et soignée, parsemée de tables et avec une étroite console qui court le long de murs couverts des serviettes de papier illustrées par les clients, est l'une des étapes les plus intéressantes dans le paysage gastronomique du centre. Entendons-nous bien, il s'agit de sandwichs, mais ceux d'Alessandro Frassica sortent vraiment du lot. On peut même acheter les ingrédients sur place. Excellent rapport qualité/prix. (055 21 41 54 ; www.inofirenze.com ; Via dei Georgofili 3/R ; 10-15 € ; 12h-16h30)

Le Mossacce

TRATTORIA €€

32 PLAN P. 32, F5

L'ambiance familiale et décontractée de cette trattoria centrale, fondée en 1925, ravit les amateurs de cuisine authentique sans fioritures. On y mange de robustes plats typiquement florentins tels que tripes, osso-buco, pot-au-feu ou *ribollita* (soupe à base de légumes, pain et haricots blancs), mais aussi des mets moins carnés. Arrosez le tout d'un bon chianti du patron. (055 29 43 61 ; www.trattorialemossacce.it ; Via del Proconsolo 55/R ; repas 20-35 € ; 12h-14h30 et 19h-21h30 lun-ven)

Trattoria Marione

TRATTORIA €€

33 PLAN P. 32, B5

Une institution pittoresque où se régaler de généreux *primi* et plats de viande (comme le *baccalà alla livornese*, morue avec pommes de terres, tomates et aromates), sur des nappes à carreaux. Si l'*arista di*

Délices dans le centre

Célèbre pour ses dragées, **Migone** (plan p. 32, D4 ; 055 21 40 04 ; www.migone-confetti-firenze.company.site/ ; Via de' Calzaiuoli 85/R ; 9h30-19h30 lun-sam, 10h30-19h dim) est une boutique de douceurs historique dans le cœur le plus noble et le plus fréquenté de la ville (à deux pas du Palazzo Vecchio). On y vend aussi de délicieux chocolats, des bonbons et d'autres friandises. Les biscuits exposés en vitrine sont irrésistibles.

maiale (rôti de porc aux pommes de terre) est un must, le traditionnel bifteck à la florentine ne démérite pas. Terminez en beauté par l'un des desserts à la carte. (055 21 47 56 ; Via della Spada 27/R ; repas 25-35 € ; 12h-17h et 19h-23h)

Da Lino

RESTAURANT **€€**

34 PLAN P. 32, E4

À deux pas de la cathédrale, ce restaurant réalisant une cuisine de saison est aussi bien fréquenté par des Florentins, gage de qualité, que par des touristes attirés par son atmosphère authentique et les tables du petit jardin à l'arrière. Goûtez absolument les *spaghetti alla chitarra*, avec des fruits de mer, ou la salade d'oronges crus. (055 28 45 79 ; www.ristorantedalino.it ; Via Santa Elisabetta 6/R ; repas 25-40 € ; 11h-23h)

Il Latini

RESTAURANT **€€€**

35 PLAN P. 32, A5

En dépit des jambons suspendus au plafond et des fiasques de vin sur les tables, aucun chanteur ne viendra perturber votre dîner en entonnant *O sole mio*. Il Latini compte en effet parmi les temples de la cuisine du cru, l'un de ces endroits fiables où l'on peut commander un bifteck à la florentine comme il se doit au juste prix. Entre deux plats, allez faire un tour dans sa belle cave. (055 21 09 16 ; www.illatini.com ; Via dei Palchetti 6 ; repas 45-50 € ; 19h30-22h30 mar-ven, 12h30-14h30 et 19h30-22h30 sam-dim)

Ora d'Aria

RESTAURANT **€€€**

36 PLAN P. 32, D7

Si vous n'avez jamais mis les pieds dans un restaurant étoilé, osez franchir la porte du chef Marco Stabile, derrière le musée des Offices. À déjeuner, les menus légers vous permettront de goûter aux plaisirs de la grande cuisine à petits prix. Le soir, des délices comme la fricassée de gambas au citron vert, les spaghettis à la lavande et au caviar ou la *francesina* de calamars à la citronnelle et aux câpres reviennent beaucoup plus cher. (055 200 16 99 ; www.oradariaristorante.com ; Via dei Georgofili 11/R ; plats à partir de 26 €, menu dégustation à partir de 90 € ; 19h30-22h lun, 12h30-14h30 et 19h30-22h mar-sam)

Prendre un verre

Coquinarius

BAR À VINS

37 PLAN P. 32, E4

À ceux qui en ont assez des vins habituels, la cave bien garnie de cette joyeuse *enoteca* derrière la cathédrale propose des bouteilles des quatre points du globe, de la Californie au Chili. Des plats savoureux et variés, des *bruschette* et des planches de fromages ou de charcuterie comblent les petits creux. (055 230 21 53 ; www.coquinarius.it ; Via delle Oche 11/R ; 12h30-15h et 18h30-22h30)

Le comptoir de l'Antico Vinaio (p. 64)

Caffè Gilli

CAFÉ

38 PLAN P. 32, D4

Lieu de rendez-vous des futuristes et des intellectuels florentins, ce café historique, fondé par une famille suisse en 1733 (mais qui ne se trouve Piazza della Repubblica "que" depuis 1920), a vu passer à ses tables des géants de l'art et de la littérature. Aujourd'hui, il accueille surtout des voyageurs attirés par son charme Belle Époque. Prenez-y au moins un cappuccino, on dit que c'est le meilleur de Florence. Le comptoir de marbre, orné de bronzes néo-classiques, est aussi un régal. (055 21 38 96 ; www.caffegilli.com ; Via Roma 1/R ; 7h30-1h)

Caffè Concerto Paszkowski

CAFÉ

39 PLAN P. 32, D4

Ce café tient son nom de son premier propriétaire, un Polonais qui avait ouvert une brasserie en 1846. Déclaré monument national au début du XXe siècle, l'établissement était l'un des plus célèbres d'Europe, avec ses décorations Art nouveau et ses tables en bois. Si vous cherchez un point de vue original (à défaut d'être bon marché) sur la place, il dispose d'une grande terrasse couverte où vous pourrez manger quelque chose ou boire un excellent cocktail. (055 21 02 36 ; www.caffepaszkowski.com ; Piazza della Repubblica 35/R ; 7h-1h30)

Hard Rock Cafè

BAR AMÉRICAIN

40 PLAN P. 32, C4

Cette célèbre enseigne aux lumières rouges tamisées attire toujours les jeunes. Installez-vous autour du grand comptoir pour une bière ou un cocktail, et jetez un coup d'œil aux souvenirs des Beatles, de U2, d'Aerosmith et d'autres groupes de légende accrochés aux murs. (055 27 78 41 ; www.hardrockcafe.com/location/florence/ ; Via Brunelleschi 1 ; 8h30-1h dim-jeu, 8h30-2h ven-sam)

Rivoire

CHOCOLATIER

41 PLAN P. 32, D6

"Le" chocolatier de Florence, depuis qu'en 1872, le Turinois Enrico Rivoire, pâtissier de la maison de Savoie, s'est installé ici avec ses chocolats à croquer et à boire. Vous y trouverez des tables donnant sur le Palazzo Vecchio, et un comptoir couvert de douceurs appétissantes. (055 21 44 12 ; www.rivoire.it ; Piazza della Signoria 5/R ; 7h30-22h)

L'apéro du comte

Trois mesures de Campari, trois de vermouth rouge et trois de gin, auxquelles on ajoute ce qu'il faut de glace pour remplir le verre et une rondelle d'orange. Malgré sa simplicité, le **Negroni** est un apéritif célèbre partout dans le monde. Beaucoup de gens ignorent cependant qu'il fut inventé à Florence en 1919. Le comte Camillo Negroni, qui fréquentait l'ancien Caffè Casoni, demanda un jour au serveur de remplacer l'eau de Seltz de son Americano par du gin. Le breuvage rencontra un succès qui dure encore.

Procacci

BAR À VINS

42 PLAN P. 32, B5

Depuis 1885, Procacci titille le palais des Florentins avec ses petits sandwichs à la crème de truffe à accompagner d'un verre de vin. Le choix de bouteilles est impressionnant, mais les prix sont abordables. Durant les défilés de Pitti Immagine, stylistes et mannequins se retrouvent ici. (055 21 16 56 ; www.procacci1885.it ; Via de' Tornabuoni 64/R ; 10h-21h lun-sam et 11h-20h dim)

Spumantino al Ponte Vecchio

BAR À VINS

43 PLAN P. 32, C7

Non loin du Ponte Vecchio, la petite *enoteca* du Castello di Verrazzano a fait du mousseux sa spécialité, mais propose aussi une vaste sélection d'autres vins. (055 21 39 40 ; www.verrazzano.com/spumantino ; Lungarno degli Acciaiuoli 4/R ; 12h-0h)

MayDay Club

PUB

44 PLAN P. 32, E5

Voici l'un des rares endroits alternatifs du centre-ville, qui met à l'honneur les alcools, eaux-de-vie et cocktails. Tout un bric-à-brac de

Le comptoir historique du Caffè Gilli, Piazza della Repubblica

photos et d'objets vintage décore la salle du sol au plafond. Parfait pour sympathiser avec les gens du coin. (☎055 238 12 90 ; www.maydayclub.it ; Via Dante Alighieri 16/R ; ⏲20h-2h mar-sam, 18h-2h dim)

Sortir

Teatro Niccolini THÉÂTRE

45 ✪ PLAN P. 32, E3

Le plus vieux théâtre florentin, édifié au XVIIe siècle, a ressuscité après une longue période d'abandon et deux ans d'intenses travaux de restauration. Aujourd'hui, le parterre et les loges sur quatre niveaux accueillent jusqu'à 400 spectateurs pour des pièces montées en collaboration avec le Teatro della Pergola (p. 160). (☎055 094 64 04 ; www.teatroniccolini.com ; Via Ricasoli 3)

YAB DISCOTHÈQUE

46 ✪ PLAN P. 32, C5

Des générations de Florentins ont dansé sur la piste de ce club légendaire au public exubérant, l'un des rares refuges pour les noctambules en quête de divertissement. (☎055 21 51 60/335 541 11 44 ; www.yab.it ; Via de' Sassetti 5/R ; ⏲20h-4h lun et mer-sam)

Cinema Teatro Odeon CINÉMA

47 ✪ PLAN P. 32, C5

Il résiste, ce beau cinéma style Art déco conçu par l'architecte

Procacci (p. 68), Via de' Tornabuoni, est réputé pour ses petits sandwichs à la truffe.

Marcello Piacentini dans les années 1910. Admirez le charme aristocratique de ses colonnes, ses stucs, sa grande coupole en verre et les statues de muses sur la scène. Ici, le temps semble s'être arrêté. il possède également l'une des meilleures programmations de la ville, avec beaucoup d'avant-premières et des films en version originale. L'**Odeon Bistrò** (☎055 21 56 54 ; www.odeonbistro.it ; Piazza degli Strozzi 8 ; ⏲8h30-3h), l'un des bistrots les plus élégants du centre-ville, jouxte l'entrée. (☎055 21 40 68 ; www.odeonfirenze.com ; Via degli Anselmi 3/R ; tarif plein/réduit à partir de 8/6 € ; ⏲voir sur le site)

Shopping

Stratagemma

JEUX DE RÔLE

48 🔒 PLAN P. 32, E3

Spécialisé dans les jeux de rôle, Stratagemma demeure le principal lieu de rendez-vous des passionnés du genre. Parmi les cartes de Magic, les dés de Donjons et Dragons et les Rubick's cubes de toute taille, vous dénicherez sans doute quelque chose d'original à rapporter chez vous. (☎055 21 59 12 ; Via dei Servi 15/R ; ⏲10h30-19h30 lun-sam)

Gonnelli

LIVRES ANCIENS/SALLE DES VENTES

49 🔒 PLAN P. 32, E3

Avec ses étagères d'incunables, de premières éditions, d'estampes et de cartes géographiques, cette librairie silencieuse aux allures de musée peut intimider. Qu'à cela ne tienne : tant que vous ne toucherez pas à tout, personne ne vous dira rien. (055 26 82 79 ; www.gonnelli.it ; Via Ricasoli 6/14R ; 9h-13h et 15h30-19h lun-ven)

Pegna

ÉPICERIE FINE

50 PLAN P. 32, E4

Ce royaume incontesté des gourmets vend depuis 1860 un choix de délicieux produits gastronomiques (charcuterie, fromages, vins, cafés...) toscans et d'ailleurs. Le comptoir des bonbons, conservés dans de grands bocaux, a un parfum d'enfance. (055 28 27 01 ; www.pegna.it ; Via dello Studio 26/R ; 10h-19h30 lun-sam, 11h-19h dim)

Bartolucci

OBJETS EN BOIS

51 PLAN P. 32, E6

Même sans intention d'achat, découvrez la boutique des Bartolucci, qui transforment le pin en horloges, aéroplanes, marionnettes et mille autres objets. (055 21 17 73 ; www.bartolucci.com ; Via Condotta 12/R ; 10h-19h30 lun-dim)

Dr. Alessandro Bizzarri

HERBORISTERIE

52 PLAN P. 32, D6

Entrer dans ce magasin rempli de bocaux, ampoules, fioles et alambics, donne l'impression de remonter le temps. On y vend depuis le XIXe siècle toutes sortes de plantes médicinales, colorants, extraits et infusions. (055 21 15 80 ; www.bizzarri-fi.biz ; Via della Condotta 32/R ; 9h30-13h et 16h-19h30 lun-ven, 10h-13h sam)

Red

LIBRAIRIE

53 PLAN P. 32, C5

Les éditions Feltrinelli ont ouvert cette librairie doublée d'une cafétéria sur la Piazza della Repubblica. Rayon bien fourni sur Florence et la Toscane juste à l'entrée. (199 15 11 73 ; Piazza della Repubblica 26 ; 9h-23h)

Florence en bateau

De mai à septembre, il est possible d'admirer la ville depuis le cours de l'Arno. L'**Associazione dei Renaioli** (plan p. 32, F8 ; embarcadère entre le Ponte alle Grazie et le Ponte Vecchio sur la rive droite ; 347 798 23 56 ; www.renaioli.it ; 15-20 €/pers, prix à négocier pour privatiser une embarcation ; horaires variables, consulter le site Web) organise des excursions sur le fleuve à bord des petites embarcations (*navicelli*) qui servaient autrefois à ramasser le sable (*rena*) pour la construction. L'itinéraire passe sous le Ponte Vecchio, le Ponte di Santa Trinita et près de la galerie des Offices.

Officina de' Tornabuoni

COSMÉTIQUES

54 PLAN P. 32, B4

Depuis quatre générations, les propriétaires de cette herboristerie vivent au milieu des flacons et des alambics, avec lesquels ils créent des senteurs précieuses pour les personnes et la maison, ainsi que des cosmétiques naturels et des tisanes. Ils sauront parfaitement vous conseiller la fragrance la mieux adaptée à vos goûts (mention spéciale pour Libreria). (055 21 74 81 ; www.odtshop.com ; Via de' Tornabuoni 19 ; 10h-20h lun-sam et 14h-20h dim)

Il Bisonte

SACS ET ACCESSOIRES

55 PLAN P. 32, A5

Depuis 1970, Il Bisonte vend des sacs, sacs à dos, bananes et porte-monnaie fabriqués uniquement avec des peaux venant de Toscane. L'atelier se trouve désormais à 10 km de Florence. (055 21 57 22 ; www.ilbisonte.com ; Via del Parione 31/R ; 10h-19h lun-sam, 11h30-18h30 dim)

Legatoria Alberto Cozzi

PAPIER

56 PLAN P. 32, A5

Cet atelier de reliure travaille toujours la traditionnelle *carta fiorentina* (papier florentin) entièrement à la main. Les feuilles sont marbrées une par une et laissées à sécher, avant de devenir de splendides articles de papeterie grâce au savoir-faire d'artisans experts. (055 29 49 68 ; Via del Parione 35/R ; 9h-13h et 14h30-19h lun-sam)

L'identité florentine au-delà des vitrines

À Florence, ce n'est pas qu'une question de shopping : quand vous franchissez le seuil d'une boutique artisanale, un fragment authentique d'histoire de la ville, rescapé des caprices des modes passagères, peut se matérialiser sous vos yeux. De nombreuses activités commerciales cachent de petits patrimoines culturels, très souvent recensés dans les pages de ce guide. Mais, si vous préférez vous assurer du "pedigree" d'une activité spécifique, ou si vous voulez consulter un répertoire des excellences historiques, la mairie en a dressé une liste. Les **Attività Storiche e Tradizionali Fiorentine** (activités historiques et traditionnelles florentines ; attivitastoriche.destinationflorence.com) ont été sélectionnées sur la base de leur longévité, mais aussi en vertu de leur fidélité aux traditions, de la conservation du cadre d'origine et de leur rôle dans le tissu économique.

Le magasin de Pegna, derrière le Duomo (p. 71)

Flo Concept

MODE

57 PLAN P. 32, A6

C'est un salon-boutique où expérimenter le *slow shopping*, en s'installant dans un des fauteuils jaunes après avoir essayé un chapeau vintage à larges bords, une élégante écharpe faite de chutes de tissus rigoureusement ton sur ton, ou une robe aux lignes larges. Le style est classique, mais le projet est innovant : Flo est aussi un atelier de confection qui vise l'insertion professionnelle de personnes en difficulté. (055 537 05 68 ; www.floconcept.it ; Lungarno Corsini 30-34/R ; 10h-13h et 15h-19h mar-sam l'hiver, 9h-13h et 16h-20h mar-sam l'été)

Ottod'Ame

MODE POUR FEMMES

58 PLAN P. 32, B5

Silvia Mazzoli, créative styliste florentine, est à l'origine de cette marque, qui a des points de vente à Milan également, et qui allie classe et qualité artisanale du *Made in Italy* à un style universel. L'ensemble donne un style féminin et confortable, au romantisme marqué d'une pointe de provocation, conjuguant sensualité et humour. (055 265 41 00 ; www.ottodame.it ; Via della Spada 19/R ; 10h30-19h30 lun-sam, à partir de 12h dim)

IOHANES ORICELLARIVS PAV F AN SAL MCCCCLXX

Explorer Santa Maria Novella

Ne vous laissez pas abuser par le nom du quartier. Même si, à première vue, tout ici semble s'organiser autour de l'imposante basilique qui se dresse en son centre, Santa Maria Novella a bien d'autres choses à offrir. Partez à la découverte de ses ruelles méconnues, de ses monuments à visiter en solitaire et de ses restaurants dotés d'une carte en version originale. Florence vous paraîtra tout à coup nettement moins austère.

Notre sélection

- ***Basilica di Santa Maria Novella (p. 76)*** *Les plus talentueux artistes et architectes de la Renaissance ont laissé leur signature dans cette basilique, qui se dresse au cœur d'un quartier animé.*

Comment y aller et circuler

Consultez le site www.at-bus.it et l'application TABNET pour les lignes, les horaires et les billets.

La ligne 1 du tramway s'arrête devant la Stazione Ferroviaria.

La quasi-totalité des trains régionaux et interrégionaux passent par la gare de Santa Maria Novella : vous serez déjà au cœur du quartier.

Plan p. 82

Basilica di Santa Maria Novella MIHAI-BOGDAN LAZAR/SHUTTERSTOCK ©

Les incontournables

Basilica di Santa Maria Novella

Symétrique, bicolore et tout en arrondis, cette basilique bicentenaire, plantée dans le quartier le plus animé de la ville, a des allures de fabuleux précis d'histoire de l'art. Sous les hautes voûtes sur croisée d'ogives qui semblent défier le ciel, les plus talentueux architectes, peintres et sculpteurs de la Renaissance se sont succédé, de Leon Battista Alberti à Masaccio, de Brunelleschi à Ghirlandaio, et de Michel-Ange à Paolo Uccello.

PLAN P. 82, E5

www.smn.it

Piazza Santa Maria Novella 18

tarif plein/réduit 7,50/5 €

10-17 lun-sam, 13h-17h dim et jours fériés

Huit siècles d'histoire

Siège de la communauté monastique de l'ordre dominicain, installée à Florence dès le début du XIIIe siècle, Santa Maria Novella vit sa construction débuter en 1279 pour s'achever moins de cent ans plus tard. Enrichie au fil des siècles de nombreux joyaux artistiques et de continuelles modifications architecturales, cette basilique orientée au sud est une œuvre chorale stupéfiante.

La façade Renaissance

L'élément le plus spectaculaire de la basilique est la **façade** conçue par Leon Battista Alberti. Ce dernier fut chargé par Giovanni Rucellai de terminer l'édifice en 1458. L'interruption du chantier, en 1360, avait laissé la basilique à demi achevée – la partie inférieure revêtue de marbre bicolore, avec ses niches, ses arcs en ogive et ses deux portes latérales de style gothique, et la partie supérieure, dénuée d'éléments décoratifs. Alberti acheva le revêtement blanc et vert, intégra l'oculus préexistant dans un rectangle surmonté d'un tympan et, afin de relier les différents niveaux, imagina les **volutes**, ces "boucles" aux marqueteries raffinées qui confèrent à la façade son uniformité et son harmonie.

L'intérieur et le Crucifix de Giotto

Divisé en trois nefs jalonnées de puissants arcs soutenant les vastes travées, et doté d'un profond transept flanqué de trois chapelles de chaque côté, l'intérieur typiquement gothique semble interminable en raison des jeux de lumière et de la perspective. À mi-chemin de la nef centrale, le majestueux *Crucifix* (1290 env.) de Giotto vous donnera le torticolis à force de le regarder. Reposez vos cervicales devant la *Nativité*, signée des élèves de Botticelli, sur la lunette au cœur de la contre-façade.

★ À savoir

- La visite complète de la basilique et des cloîtres prend 2 heures. La vente des billets s'arrête 45 minutes avant l'heure de fermeture.
- Pour éviter les files d'attente, achetez vos billets en ligne.
- La **Firenze Card** (72 heures ; 85 € ; www.firenzecard.it), qui donne accès à prix réduit à la basilique, peut être achetée à l'entrée située Piazza della Stazione (plan p. 82, D4).
- Amusez-vous à repérer les visages des notables du XVe siècle dans les fresques figurant derrière le maître-autel et le Cappellone degli Spagnoli.

✕ Une petite faim ?

La **Pasticceria Piccioli** (plan p. 82, B6 ; ☎055 29 50 86 ; Borgo Ognissanti 118/R ; 🕒6h45-19h30) est une étape incontournable pour les gourmands.

Les autels latéraux et la Trinité

Dans les bas-côtés de la basilique figurent les **autels latéraux**, exécutés par Vasari en 1571 à la place des étroites fenêtres monophores qui éclairaient l'intérieur. Ils recèlent des œuvres de Santi di Tito, d'Alessandro Allori, de Desiderio da Settignano et de divers autres peintres maniéristes. Filez droit vers la troisième travée de la nef de gauche : là vous attend la *Trinité* (1426) de Masaccio, figurant Jésus sur la croix et Dieu le soutenant. Bien que ne possédant ni les rondeurs des œuvres de Botticelli, ni la rigueur stylistique des créations de Michel-Ange, cette fresque est une pierre angulaire de l'art pictural. Elle fut sauvée grâce à l'intervention de Vasari. L'architecte, chargé de démonter le *tramezzo* (mur séparant la zone réservée au clergé de celle des fidèles) sur lequel était fixée la *Trinité*, réalisa sa valeur artistique et décida de la détacher et de la cacher derrière un autel, où elle fut découverte à la fin du XIXe siècle. Installée depuis à son emplacement d'origine, cette œuvre est en effet époustouflante. Pour la première fois, Masaccio ne campe pas la scène sur un arrière-plan doré, comme c'était la coutume avant lui dans la peinture. Au contraire, il l'intègre dans un espace architectural d'inspiration pleinement Renaissance : un arc de triomphe assorti d'une voûte en berceau et suspendu entre quatre colonnes. En outre, la scène affiche une telle perfection dans la perspective théorisée par Brunelleschi, et une telle exactitude dans les proportions, que l'œuvre semble comme creusée dans le mur. Avant de lui tourner le dos, notez le squelette (toujours de style gothique, comme toute la partie inférieure du tableau) sur le tombeau et l'inscription au-dessus : *Io fu già quel che voi siete, e quel ch'i son voi anco sarete* ("Je fus jadis ce que vous êtes, et suis désormais ce que vous serez un jour"). Un petit rappel à tous les vivants...

La Cappella Tornabuoni

Derrière le **maître-autel** de style néogothique se déploie l'impressionnant ensemble de fresques peint par Ghirlandaio et ses élèves (dont un Michel-Ange adolescent) entre 1485 et 1490. Commande de Giovanni Tornabuoni (représenté à genoux devant son épouse), ce cycle illustre les épisodes de la vie de saint Jean Baptiste, de la Vierge Marie et de quelques saints dominicains. Pour se représenter la Florence de la Renaissance, ses habitants et leur mise vestimentaire, observez les multiples personnages de cette œuvre touffue. Puis, reprenez le fil de la narration (les *Épisodes de la vie de la Vierge* se lisent de gauche à droite et du bas vers le haut, les *Épisodes de la vie de saint Jean Baptiste* dans le sens inverse) et concentrez-vous sur quelques scènes : admirez la *Nativité de la Vierge Marie*, où Ludovica Tornabuoni, fille de Giovanni, ouvre le cortège des

La *Nativité de Marie*, Cappella Tornabuoni

femmes dans un splendide habit doré. Enfin, retournez-vous vers le mur opposé. Un autre nouveau-né, Jean le Baptiste, y est représenté. La ravissante demoiselle vêtue d'une robe blanche et portant un panier sur la tête évoque un camée dans l'art figuratif de la Renaissance. Le premier à la peindre fut Filippino Lippi, imité ensuite par Ghirlandaio et ses élèves. Impression de déjà-vu ? C'est normal, Botticelli la rendit célèbre en en faisant l'une des sublimes Grâces de son *Printemps*.

La Cappella Strozzi

Les *Épisodes de la vie de saint Philippe*, situés dans un cadre coloré et lumineux où les personnages se meuvent autour d'édifices pseudo-classiques, ornent la **Cappella Strozzi**, la première chapelle du transept droit. L'œuvre, commandée à Filippino Lippi par Filippo Strozzi en 1487, fut exécutée dans un climat de forte tension sociale, alors que les prêches de Savonarole se faisaient chaque jour plus violents. Il en résulte une ornementation complexe, peuplée de figures discordantes et de mille détails obscurs.

Le Christ de Brunelleschi

En 1408, Donatello sculpta un grand crucifix en bois pour la Cappella Bardi de Santa Croce, qui – à en croire Vasari – déplut fortement à Brunelleschi. Sommé par son ami de faire mieux, l'architecte exécuta ce Christ en croix à l'allure solennelle.

L'œuvre demeura dans l'atelier de Brunelleschi presque jusqu'à sa mort, avant d'être léguée à Santa Maria Novella. Elle figure aujourd'hui dans la **Cappella Gondi**, la première chapelle du transept gauche, conçue par Giuliano da Sangallo en 1503.

La Cappella Strozzi di Mantova

À l'opposé de la Cappella Rucellai, au bout du transept gauche, la **Cappella Strozzi di Mantova** ravira les amoureux de Dante. Peintes par Nardo di Cione à partir de 1351, les fresques représentent le Paradis, l'Enfer et le Purgatoire tels qu'ils sont décrits dans La *Divine Comédie*. Le magnifique **polyptyque** installé sur l'autel est d'Andrea Orcagna (1357).

Le Chiostro Verde

En sortant par une porte latérale à gauche, on accède au **Chiostro Verde** ("cloître vert"), qui doit son nom au pigment (terre verte) ayant servi aux fameuses fresques en grisaille ornant les lunettes du portique et exécutées par Paolo Uccello et ses élèves à partir de 1425. Vous admirerez l'*Histoire de la Genèse*, dont un fabuleux *Déluge*. D'autres fresques sont visibles dans le réfectoire.

Le Cappellone degli Spagnoli

L'ancienne **salle capitulaire** de l'église, où se réunissait souvent la communauté espagnole qui gravitait autour d'Éléonore de Tolède, l'épouse espagnole de

Les fresques derrière le maître-autel de la Cappella Tornabuoni

Côme Ier, est une bouée de sauvetage idéale après le déluge d'œuvres d'Uccello. Dans cette vaste chapelle à plan centré, les hauts murs et les voûtains du plafond sont tapissés de fresques d'Andrea di Bonaiuto (1365-1367). Installez-vous sur un banc et cherchez les portraits de Giotto, Cimabue, Pétrarque et Dante sur le mur de droite.

Le réfectoire

De retour dans le cloître, ne manquez pas le réfectoire, où sont exposés des vêtements sacerdotaux, et d'importantes œuvres d'art restaurées, dont une *Cène* unique. Elle a été exécutée par Plautilla Nelli (1520-1588), une religieuse qui, en pleine Renaissance, fut l'âme d'un atelier de femmes peintres du couvent de Santa Caterina, et, tout autodidacte qu'elle était, osa s'emparer d'un sujet réservé d'ordinaire aux grands peintres masculins. Les postures des 13 personnages, grandeur nature (le tableau fait 7 m sur 2), sont naturelles, et leurs expressions consternées ou affligées permettent de comprendre que le Christ vient d'annoncer la trahison imminente. Contemplez les fresques de Paolo Uccello, détachées du côté est du Chiostro Verde et restaurées : *L'Expulsion du Paradis terrestre,* où le serpent a une tête de femme ; *Adam et Ève au travail, le Sacrifice de Caïn et Abel, Caïn tuant Abel*, l'inquiétant *Déluge,* dans lequel les hommes sont massés dans les eaux, et *La Sortie de l'arche et l'ivresse de Noé.*

Le Chiostro Grande

Le réfectoire donne sur le Chiostro Grande, où vous serez enveloppé par les couleurs d'un cycle de fresques de la fin du XVIe siècle, œuvres de peintres de l'Accademia Fiorentina. Les représentations de saint Dominique, peint alors qu'il tire le diable par un bras, ou pendant son ascension, vous donneront un aperçu iconographique de la Contre-Réforme. Si vous voulez suivre la narration dans le bon ordre, partez de la *Nativité du Christ*, dans le coin sud-ouest.

Les tombeaux extérieurs

Les niches en ogive qui s'ouvrent dans la partie basse de la façade de la basilique et sur le mur du **cimetière** (faisant comme des portiques miniatures) sont des arches sépulcrales où l'on enterrait les Florentins illustres – Ghirlandaio, notamment, y repose. Notez les frises ornementales, symboles des plus célèbres familles de la ville.

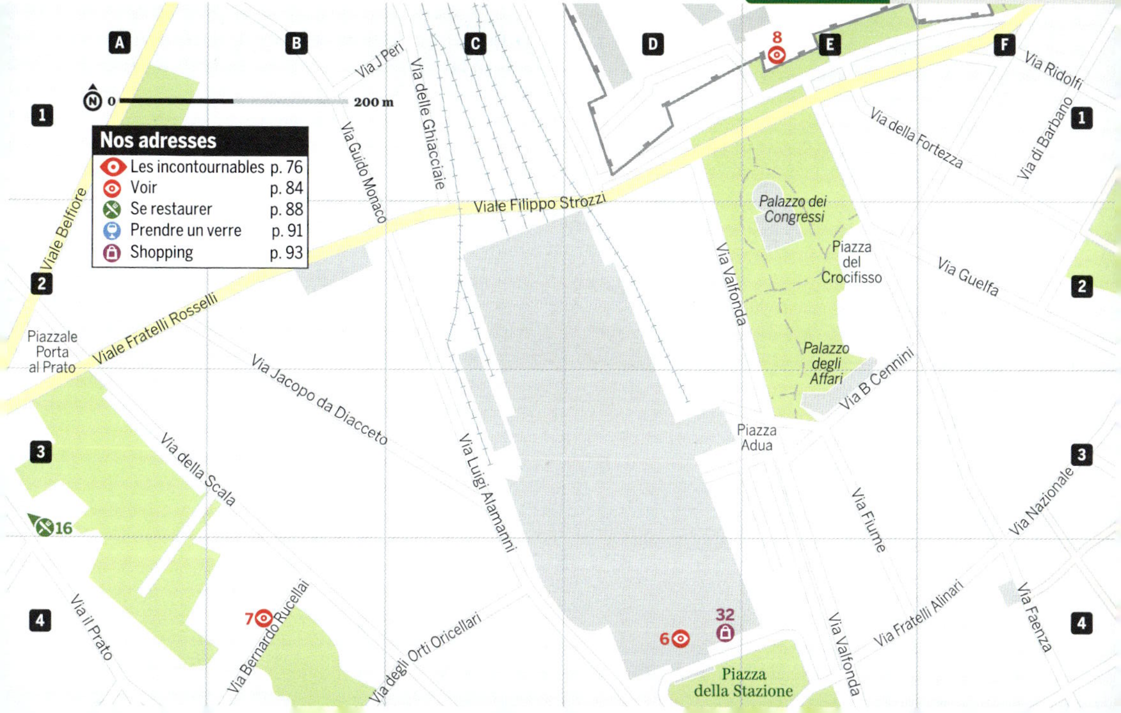
Nos adresses
Les incontournables p. 76
Voir p. 84
Se restaurer p. 88
Prendre un verre p. 91
Shopping p. 93
0
200 m
A
B
C
D
E
F
1
2
3
4
Viale Belfiore
Viale Fratelli Rosselli
Piazzale Porta al Prato
Via J Peri
Via Guido Monaco
Via delle Ghiacciaie
Viale Filippo Strozzi
Via Jacopo da Diacceto
Via della Scala
Via Luigi Alamanni
Via il Prato
Via Bernardo Rucellai
Via degli Orti Oricellari
Via Valfonda
Palazzo dei Congressi
Piazza del Crocifisso
Palazzo degli Affari
Via B Cennini
Piazza Adua
Via Fiume
Piazza della Stazione
Via della Fortezza
Via di Barbano
Via Ridolfi
Via Guelfa
Via Nazionale
Via Fratelli Alinari
Via Faenza
8
16
7
6
32

Basilica di Santa Maria Novella
Piazza di Santa Maria Novella
Via degli Avelli
Via de'Panzani
Piazza dell'Unità Italiana
Via del Melarancio
Via del Giglio
Via dei Banchi
Via delle Belle Donne
Via de' Fossi
Via del Sole
Via della Spada
Via de' Rondinelli
Via de' Corsi
Via de' Tornabuoni
Via Monalda
Piazza de' Rucellai
Via del Purgatorio
Via del Parione
Via Parioncino
Palazzo Corsini
Via dei Palchetti
Via della Vigna Nuova
Via del Moro
Piazza Carlo Goldoni
Lungarno Corsini
Ponte alla Carraia
Piazza di San Paolino
Via del Porcellana
La Casa Rovesciata
Via Benedetta
Via de' Canacci
Via della Scala
Via dell'Albero
Via Maso Finiguerra
Borgo Ognissanti
Piazza d'Ognissanti
Lungarno Amerigo Vespucci
Lungarno Guicciardini
Via Palazzuolo
Pasticceria Piccioli
Via Melegnano
Via Montebello
Via S Lucia
Via Curtatone
Corso Italia
Via Palestro
Via Garibaldi
Ponte Amerigo Vespucci
Piazza di Cestello
Piazza del Tiratoio
Via Sant' Onofrio
Via Bartolini
Piazza di Verzaia
Via Lungo le Mura di Santa Rosa
A
B
C
D
E
F
5
6
7
8

Voir

Museo Novecento

MUSÉE

1 PLAN P. 82, E6

Aménagé dans l'ancien couvent des Leopoldine, en face de la Basilica di Santa Maria Novella, ce musée se consacre aux courants artistiques du siècle dernier. Le parcours généreusement installé sur trois niveaux remonte le temps, de la période récente jusqu'au début du XXe siècle, au fil d'installations vidéo, de sculptures et de projets graphiques ou architecturaux, sans oublier une belle collection de toiles signées De Chirico, Sironi, Morandini, Marini, Carrà, Magnelli ou Fontana. (055 28 61 32 ; www.museonovecento.it ; Piazza di Santa Maria Novella 10 ; tarif plein/réduit 8,50/4 €, en cas d'exposition temporaire 10/8 €, -18 ans gratuit ; 11h-19h ven-mer, 11h-14h jeu hiver, 11h-21h ven-mer été)

Visites guidées insolites

Deux visites guidées (en anglais) sont programmées chaque jour gratuitement depuis la Basilica di Santa Maria Novella (p. 76). Il suffit de se présenter devant l'église et de se joindre au groupe. Le **Florence Free Tour** (www.florencefreetour.com) compte deux circuits d'une durée de 2 heures chacun. Le premier, programmé à 11h, part à la découverte des chefs-d'œuvre architecturaux de la Renaissance ; le second, prévu à 14h (en hiver) et à 17h (en été), vous emmène sur les traces des Médicis. Si vous avez un vélo à disposition et que vous voulez découvrir les quartiers moins fréquentés de la ville (San Jacopino, Puccini Cascine, Novoli et Isolotto), **Grand Tour Bike** (envoyez un mail à info@iovoglio.org pour les tarifs et les informations) organise des visites. Rendez-vous à 18h à la Manifattura Tabacchi (voir encadré p. 101, Via delle Cascine 35).

Officina Profumo-Farmaceutica di Santa Maria Novella

PARFUMERIE

2 PLAN P. 82, D6

Lorsque la peste noire frappa Florence en 1348, une infusion préparée par les moines dominicains de Santa Maria Novella s'imposa bientôt comme le remède le plus utilisé contre la maladie. Malgré son efficacité discutable – l'épidémie fit quelque 45 000 victimes en cinq ans –, l'eau de rose assura la renommée de l'officine pharmaceutique logée dans le couvent adjacent à la basilique. Au XVIe siècle, le premier parfum de l'histoire (l'*Acqua della Regina*, un hespéridé à base de bergamote, destiné à Catherine de Médicis) sortit de ses laboratoires. Aujourd'hui encore, derrière la grande porte en bois, cosmétiques

L'Officina Profumo-Farmaceutica, à Santa Maria Novella

et fragrances au parum d'antan s'y préparent et s'y vendent. L'**Antica Spezieria** (avec étagères du XVIIe siècle), la **Sala Vendita** et la **Sala Verde**, ornées de splendides fresques et de stucs baroques, offrent un spectacle extraordinaire. La pièce maîtresse reste toutefois la **Sala delle Acque,** l'ancienne sacristie de la Cappella di San Niccolò, tapissée d'un cycle de fresques du début du XVe siècle attribué à Mariotto di Nardo. (☎055 21 62 76 ; www.smnovella.it ; Via della Scala 16 ; ⌚10h-19h)

Museo Marino Marini et Cappella Rucellai MUSÉE

3 PLAN P. 82, E7

Ce musée dédié à l'artiste toscan Marino Marini (1901-1980) présente 183 sculptures autour du thème de l'homme et du cheval. Il vaut aussi pour la métamorphose architecturale de l'ancienne église San Pancrazio (1370-1454), réalisée dans les années 1980, qui joue sur les volumes et le contraste entre *pietra serena* et ciment brut. La **Cappella Rucellai** attenante recèle le Tempietto del Santo Sepolcro (1457), monument funéraire de Giovanni Rucellai en marbre blanc et vert, réalisé par l'architecte Leon Battista sur le modèle du Saint-Sépulcre de Jérusalem. (☎055 21 94 32 ; www.museomarinomarini.it ; Piazza San Pancrazio ; tarif plein/réduit 6/4 € ; ⌚10h-19h sam-lun)

Chiesa di Ognissanti ÉGLISE

4 PLAN P. 82, C7

Dotée d'une élégante façade baroque et donnant sur l'Arno, cette

Le Museo Marino Marini et sa collection de sculptures (p. 85)

église faisait partie d'un monastère bénédictin. Dans la pénombre qui baigne l'intérieur, on remarque un *Crucifix* peint par Giotto en 1315 ainsi que des fresques de Ghirlandaio et de Botticelli : le premier, chargé par les Vespucci de décorer la chapelle familiale, exécuta une intense *Vierge de Miséricorde* (1472), qui protège de son manteau les mécènes (le jeune garçon près de la Vierge serait le futur navigateur Amerigo) ; le second, dont le tombeau se trouve dans le transept droit, est l'auteur de l'expressif *Saint Augustin dans son cabinet de travail* (1480), visible un peu plus loin. La véritable pièce maîtresse de Ghirlandaio demeure toutefois *La Cène*, peinte pour orner le **cénacle** (☎055 29 48 83 ; accès libre ; 🕘9h-12h lun, mar et sam) du monastère contigu à l'église, auquel on accède par une porte à gauche de la façade. (☎055 239 87 00 ; Borgo Ognissanti 42 ; 🕘8h-20h)

Casa Vichi

PALAIS

5 👁 PLAN P. 82, C7

L'intérieur de la Casa Vichi – la plus belle construction Art nouveau de la ville – ne se visite malheureusement pas. Il vous faudra imaginer son faste et son élégance. Consolez-vous en cherchant le point de vue idéal pour admirer son exubérante façade en faux travertin et en fer forgé, ornée de statues et de motifs floraux, sans oublier les sinueuses fenêtres façonnées par Giovanni Michelazzi en 1911. Les aigles porte-lampadaires et les dragons ailés encadrant la corniche sont spectaculaires. (Borgo Ognissanti 26)

Stazione Ferroviaria di Santa Maria Novella GARE

6 PLAN P. 82, D4

En général, un visiteur arrivant en ville par le train consacre tout juste un coup d'œil fugace à la gare. Pas à Florence. La Stazione di Santa Maria Novella figure en effet parmi les édifices rationalistes les plus intéressants d'Italie. Conçue au début des années 1930 par le Gruppo Toscano, un collectif d'architectes emmené par Giovanni Michelucci, elle visait à conjuguer fonctionnalité et intégration dans le tissu urbain du XVe siècle. Le résultat est un bâtiment aux formes strictes et linéaires qui, grâce à son revêtement en *pietra forte*, s'accorde parfaitement avec la Basilica di Santa Maria Novella (p. 76) située juste en face. Dans l'immense salle de la billetterie, illuminée par les verrières se déployant à la perpendiculaire de la façade, de longs panneaux photographiques illustrent les étapes de conception et de construction de l'édifice. Près de la gare, notez la **Palazzina Reale**, un simple cube de marbre blanc aux fenêtres étroites. Il fut construit en 1935 pour loger les membres de la maison de Savoie lors de leurs escales florentines. (Piazza della Stazione)

Chiesa Americana di Saint James ÉGLISE

7 PLAN P. 82, B4

Si les lieux fréquentés par des célébrités piquent votre curiosité, alors vos pas pourraient bien vous

Simonetta Vespucci : muse de Botticelli, maîtresse de Julien de Médicis

Au n°4 (environ) de Borgo Ognissanti se dresse le palais de la famille Vespucci, où vécut notamment Amerigo, le navigateur qui donna son nom aux Amériques. Mais à l'époque, une autre figure portait ce fameux patronyme : Simonetta Cattaneo Vespucci, une jeune femme de la noblesse génoise ayant épousé un cousin d'Amerigo en 1469. Venue s'installer en ville avec son époux, elle conquit par sa beauté le cœur des Florentins (qui la surnommaient "*la sans pareille*") et des Médicis en particulier. Simonetta participait à tous les banquets, fêtes et autres célébrations. Julien, frère de Laurent le Magnifique, en tomba amoureux, tandis que les plus fameux peintres de la Renaissance se disputaient pour faire son portrait : les blondes déesses au regard extatique de Botticelli ont ses traits. Quand Simonetta mourut en 1476, à seulement 23 ans, Julien devint fou de douleur tandis que le Magnifique lui dédia quelques vers, et Botticelli, son inlassable portraitiste, demanda à être enterré à ses pieds. Ils reposent côte à côte dans la Chiesa d'Ognissanti.

Le balcon à l'envers

Messer Baldovinetti était un homme tenace. Lorsque la seigneurie de Florence lui refusa l'autorisation de construire un balcon pour orner sa demeure, située dans l'une des rues les plus étroites de la ville, le citoyen ne s'avoua pas vaincu. Jour après jour, il continua d'adresser la même requête au Palazzo Vecchio jusqu'à ce qu'en 1533, épuisé par tant d'obstination, le gouvernement local finisse par lui accorder le sésame – avec toutefois l'obligation de construire son balcon à l'envers, espérant ainsi le dissuader une bonne fois pour toutes. Mais Baldovinetti releva le défi et fit inverser l'ensemble des éléments architecturaux. En passant par ici, vous n'aurez aucun mal à repérer ce drôle d'édifice, surnommé **La Casa Rovesciata** (plan p. 82, D7 ; Borgo Ognissanti 12) – la "maison renversée" – par les Florentins.

mener jusqu'à cette église de style néogothique, bâtie au début du XXe siècle pour la communauté épiscopale américaine. C'est ici, en effet, que David Bowie et Iman Abdulmajid se marièrent en 1992 (en présence de Yoko Ono, Bono et Brian Eno, notamment). Au-delà de la rubrique mondaine, cet édifice évoquant l'architecture sacrée anglo-saxonne vaut assurément la visite, avec sa façade éclectique contrebalancée par un intérieur sobre. (☎ 055 29 44 17 ; www.stjamesflorence.com ; Via Bernardo Rucellai 9 ; ⌚9h-12h30 lun-ven)

Fortezza da Basso

FORTERESSE

8 PLAN P. 82, E1

Encerclée par les boulevards de ceinture qui lui donnent des airs d'îlot (au milieu d'une mer de bitume), cette forteresse pentagonale fut conçue par Antonio da Sangallo le Jeune en 1534, sur l'ordre d'Alexandre de Médicis, le premier duc de Florence. Malgré son allure de bastion inexpugnable, le fort, entouré à l'origine par une douve profonde, n'a jamais eu de véritable vocation défensive. Il servait plutôt à renforcer la mainmise ducale sur la ville. Les finitions extérieures en brique et en pierre brute, façonnées en forme de diamants et de sphères (rappelant les boules du blason des Médicis), sont uniques. L'endroit se visite uniquement lors d'événements exceptionnels. (Viale Filippo Strozzi 9)

Se restaurer

Pasco

GLACES €

9 PLAN P. 82, E6

Si les glaciers ne se bousculent pas dans ce secteur touristique, cette échoppe artisanale de la Piazza di Santa Maria Novella devant le Museo Novecento propose tous les parfums classiques (plus quelques fruits de saison). Une adresse très correcte, où les petites bouteilles d'eau (fraîche) coûtent 0,50 €. (055 21 54 28 ; Piazza di Santa Maria Novella 16/R ; 10h-22h)

Il Contadino TRATTORIA €

10 PLAN P. 82, C6

Si vous êtes de ceux qui détestent les surprises au moment de l'addition, cet endroit est fait pour vous : une trattoria familiale et un tantinet rustique qui propose, au déjeuner comme au dîner, deux copieux menus avec entrée et plat, accompagnement et vin ou eau. Le choix est varié (essayez les tagliatelles de sanglier ou le *peposo* – jarret de bœuf en sauce) et tout est réellement succulent. (055 238 26 73 ; www.trattoriailcontadino.com ; Via Palazzuolo 69/R ; menu 8-15 € ; 12h-15h et 18h30-22h30)

Ostaria dei Centopoveri OSTERIA €/€€

11 PLAN P. 82, D6

Dans ce petit restaurant, il y en a pour tous les goûts : spécialités toscanes (*ribollita* – soupe de légumes ; *spezzatino* – ragoût ; *pappardelle* – pâtes en forme de ruban), plats de poisson, ou encore délicieuses pizzas napolitaines pour qui voyage avec des enfants. Menu du jour le midi. (055 21 88 46 ; Via Palazzuolo 31/R angle Via del Porcellana ; repas 10-30 €, menu déj 10 € ; 12h-15h et 19h-23h)

Trattoria dei 13 Gobbi TRATTORIA €€

12 PLAN P. 82, D7

Un restaurant qui propose une cuisine rigoureusement fidèle aux antiques recettes régionales toscanes. En avant donc pour les soupes, les pâtes au ragoût et les viandes en tout genre. Cela dit, le plat vedette reste les *rigatoni* à la sauce tomate et à la *mozzarella di bufala*, servis dans un saladier. (055 28 40 15 ; Via del Porcellana 9/R ; repas 20-40 € ; 12h-15h30 et 19h30-23h)

Osteria Pastella RESTAURANT €€

13 PLAN P. 82, D6

Ici, on vient déguster des pâtes fraîches préparées sous les yeux des clients et des passants, lesquels s'arrêtent souvent devant la cuisine vitrée pour voir à l'œuvre les maîtres de la *pasta fresca*. Tagliatelles, raviolis, *tagliolini*, *tortelli*, *pappardelle*, *maltagliati* – il y en a pour tous les goûts. Les tagliatelles au fromage de brebis flambé et à la truffe sont un délice. (055 267 02 40 ; www.osteriapastella.it ; Via della Scala 17/R ; repas 20-40 € ; 12h-14h30 et 19h-22h30)

Trattoria Sostanza TRATTORIA €€/€€€

14 PLAN P. 82, D7

Depuis son ouverture en 1869, cette trattoria sert exclusivement des spécialités traditionnelles, dominées par les soupes et les

Petit guide des familles florentines

Difficile de ne pas mélanger ces patronymes florentins qu'on retrouve au fil des palais, rues et chapelles de la ville.

Les Strozzi et les Albizzi : les premiers vrais ennemis des Médicis

Les plus implacables adversaires des Médicis – respectivement financiers et lainiers – forcèrent Côme l'Ancien à s'exiler. Avant de s'en mordre les doigts lorsque celui-ci reprit le contrôle de la ville.

Le goût de l'art et des mariages d'intérêt chez les Tornabuoni

Proches des Médicis au point d'offrir Lucrèce en mariage à Pierre le Goutteux (1444), ils vécurent à l'ombre (mais jamais à la solde) du Palazzo Vecchio. Repérez-les en peinture derrière l'autel de Santa Maria Novella.

Les Pazzi, entre grandeur et déchéance

Comme chacun sait, "Bien bas choit, qui trop haut monte". Ces banquiers et commerçants fortunés entrèrent en conflit avec les Médicis, assassinant Julien et blessant Laurent en pleine cathédrale, le dimanche de Pâques de 1478. Mais le complot échoua et les instigateurs furent pendus.

Le sublime palais qui ruina les Pitti

À la foire aux vanités, ils comptaient peu de rivaux. Pour bâtir sa demeure en 1440, Luca Pitti s'adressa à Brunelleschi : il la voulait assez grande pour contenir le Palazzo Strozzi et dotée de fenêtres plus larges que la porte d'entrée de la résidence des Médicis. Désirs exaucés, mais au prix fort. Côme Ier finit par racheter le palais inachevé pour son épouse.

La voile des Rucellai, gonflée par le vent de la fortune

Au XIIe siècle, ces marins négociants découvrirent que certains lichens coloraient les pierres en rouge. Pourquoi dès lors ne pas teindre la laine ? Ils firent fortune et virent leur blason (une voile gonflée) orner la façade de Santa Maria Novella.

Les Ginori, discrets seigneurs de San Lorenzo

Alliés des Médicis et propriétaires de divers monts de piété, les Ginori habitaient un beau palais à San Lorenzo. Aux disputes politiques, ils préféraient les affaires. Ils fondèrent une célèbre manufacture de porcelaine en 1735, rachetée par Gucci en 2013.

bouillons. L'ambiance spartiate, les tables en marbre et les carreaux blancs aux murs font fuir la clientèle chic – avantage notable qui permet de ronger avidement l'os de sa côte de bœuf. Les Florentins ont surnommé l'endroit "Il Troia" (le cochon), en raison des manières peu raffinées du premier propriétaire. (055 21 26 91 ; Via del Porcellana 25/R ; repas 25-45 € ; 12h30-14h et 19h30-21h45 lun-ven, plus sam avr-mai et sept-oct)

La Carabaccia RESTAURANT €€/€€€

15 PLAN P. 82, B5

L'endroit sert une cuisine toscane et fait partie des rares adresses florentines où l'on peut goûter la *carabaccia*, une savoureuse soupe à base d'oignon – le terme désigne aussi les barques des *renaioli* (voir l'encadré p. 71). Sinon, ne manquez pas le steak au gril. (055 21 47 82 ; www.trattorialacarabaccia.com ; Via Palazzuolo 190/R ; repas 25-45 € ; 12h-14h45 et 19h-23h)

Trattoria Baldini TRATTORIA €€/€€€

16 PLAN P. 82, HORS PLAN A3

Elle est un peu excentrée, mais cela vaut la peine d'aller jusqu'à la Trattoria Baldini : l'excellente qualité de ses suggestions gastronomiques vous mettra l'eau à la bouche. Autour des tables, on trouve une énorme majorité de Florentins au bon coup de fourchette et quelques touristes intrépides. Vous ne ferez qu'une bouchée de vos pâtes au lièvre et au canard, mais essayez de garder un peu de place pour les savoureuses fritures, les champignons (en saison) et pour la spécialité de la maison, l'échine de bœuf au four. (055 28 76 63 ; www.trattoriabaldini.com ; Via il Prato 96/R ; repas 30-55 € ; 12h-15h30 et 19h30-22h30 lun-ven, fermé sam et dim soir)

Trattoria Gargani TRATTORIA €€/€€€

17 PLAN P. 82, E7

Voici sans conteste le restaurant le plus curieux de la ville. On ne parle pas de la cuisine – les plats préparés par les chefs Elio et Simone, auteurs d'une carte oscillant entre Toscane et Sardaigne, offrent une véritable bouffée d'air frais, ou de la cave bien fournie, mais du sublime aménagement des salles. Ici, on se restaure sous d'amples voûtes en berceau entièrement tapissées de fresques, au milieu des bustes, des statues et des toiles de peintres florentins. Une expérience qui dépasse largement le simple repas. (055 239 88 98 ; Via del Moro 48/R ; repas 35-55 € ; 19h-23h)

Prendre un verre

Fiddlers Elbow PUB

18 PLAN P. 82, E6

Typique pub d'inspiration irlandaise, où les pintes de Guinness se descendent à la vitesse d'un verre d'eau dans le désert. En général, la clientèle se partage entre le billard et les cinq grands écrans de TV qui

Le Fiddlers Elbow est un traditionnel lieu de rendez-vous des voyageurs étrangers à Florence

retransmettent des événements sportifs en boucle. Si la foule vous lasse, prenez l'air en terrasse. (☎055 21 50 56 ; Piazza di Santa Maria Novella 7/R ; 🕒11h-2h lun-dim)

Public House 27 PUB

19 PLAN P. 82, D6

Dans ce pub au mobilier inspiré, près de la gare, la vue des six pressions dépassant du comptoir fera naître un large sourire sur le visage des amoureux du houblon. L'endroit, principalement fréquenté par les locaux, dispose en outre d'une longue carte des bières artisanales du monde entier. Des concerts (généralement de rock, de blues et de rockabilly) sont programmés tous les jeudis, tandis que les DJ prennent la relève le week-end. (www.publichouse27.com ; Via Palazzuolo 27/R ; 🕒17h-2h)

The Joshua Tree PUB

20 PLAN P. 82, D5

L'enseigne peinte à la main ne laisse aucune place au doute. "The Joshua Tree Pub – Music & Beer" voit débarquer chaque soir une ribambelle de jeunes gens désireux de profiter de l'atmosphère joviale et paisible, ou de faire une partie de fléchettes (0,50 €). Des groupes honorables animent parfois la soirée. (Via della Scala 37/R ; 🕒16h-2h)

Harry's Bar BAR À COCKTAILS

21 PLAN P. 82, D8

Ce bar à cocktails, qui porte le même nom que le légendaire café vénitien, constitue depuis 1953 une étape obligatoire pour tous les amoureux du raffinement. Au fil des décennies, l'endroit a vu passer des célébrités telles que Liz Taylor, Burt Lancaster, Paul Newman ou Robin Williams. Pour vous imaginer en vedette hollywoodienne, ou simplement pour respirer l'air si spécial qui flotte entre les tables, n'allez pas chercher plus loin. Les cocktails sont imbattables – contrairement aux tarifs. (055 239 67 00 ; www.harrysbarfirenze.it ; Lungarno Amerigo Vespucci 22/R ; 12h-23h lun-sam)

Shopping

Aprosio & Co. — BIJOUX

22 PLAN P. 82, E6

Que de choses peut-on faire avec un fil et quelques milliers de perles microscopiques ? Demandez à Ornella Aprosio qui, depuis 1993, utilise le verre de Murano et le cristal de Bohême pour créer pendentifs, bracelets, colliers, boucles d'oreille et autres accessoires élégants parfaits en toute occasion. (055 21 01 27 ; www.aprosio.it ; Via del Moro 75-77/R ; 10h30-19h30 lun-sam)

Mio Concept Store — DESIGN

23 PLAN P. 82, E7

Dans ce magasin excentrique tenu par une globe-trotteuse allemande, vous trouverez de quoi vous enchanter. Têtes de cerf en papier mâché, plats et vases en céramique, lampes, fauteuils et autres objets sont fabriqués à la main par les plus talentueux des artisans et designers internationaux. Le produit de chaque vente est partiellement reversé à des œuvres caritatives. (055 264 55 43 ; www.mio-concept.com ; Via della Spada 34/R ; 10h-13h30 et 15h-19h30 lun-sam)

Art & Libri — LIBRAIRIE

24 PLAN P. 82, E7

Point de repère pour les amateurs d'histoire de l'art, cette librairie

La mythique bistecca alla fiorentina

À Florence, les amateurs de viande finiront tôt ou tard par commander la fameuse *bistecca alla fiorentina*, une côte de bœuf cuite à la braise, servie saignante et pesant environ 1 kg. À moins d'être particulièrement entraîné, vous la partagerez avec un autre convive. Le plus difficile n'est pas de trouver ce délice (presque tous les restaurants en servent), mais plutôt d'en estimer le juste prix. Si le débat est loin d'être tranché, sachez néanmoins que les Florentins soutiennent que *la fiorentina* ne doit pas coûter moins de 40 € et plus de 50 €. À vous de juger.

possède un catalogue de plus de 35 000 titres. Vous y trouverez uniquement des grands formats aux couvertures multicolores, qui vous feront voyager à travers les siècles et de lointaines contrées. (055 26 41 86 ; www.artlibri.it ; Via dei Fossi 32/R ; 9h30-13h et 15h30-19h30 lun-sam)

Cortile Fossombroni — ANTIQUITÉS

25 PLAN P. 82, D7

Les ateliers et boutiques qui s'alignent dans la paisible cour à l'arrière du **Palazzo Fossombroni** raviront les visiteurs en quête d'un souvenir unique. Faites une escapade chez **Grevi** (055 936 06 18 ; www.grevi.it ; 11h-19h mar-sam, 14h-19h lun), une fantastique chappellerie artisanale fondée en 1875 ; si vous cherchez de l'ameublement, frappez à la porte d'**Antonella Pratesi** (055 28 76 83 ; 10h-19h lun-sam), spécialisée dans les antiquités. En été, profitez des petites tables dans la cour pour vous abriter du soleil. (Via dei Fossi 7/R)

Vintage Selection

Que vous soyez chasseur de tendances ou simple passionné de mode, vous ne pouvez pas manquer la **Vintage Selection** (www.vintageselection.it), l'une des plus importantes foires européennes de mode, organisée chaque année dans la Fortezza da Basso (p. 88), généralement en janvier. L'entrée est payante, et le soir venu, une fois la plupart des acheteurs partis, concerts et DJ mettent l'ambiance.

Todo Modo — LIBRAIRIE/CAFÉ-THÉÂTRE

26 PLAN P. 82, D7

En entrant dans cette librairie, ne vous arrêtez ni aux apparences, ni à la première salle bien garnie. Continuez jusqu'au fond et un monde s'ouvrira à vous : un café qui sert à manger (il a récemment étoffé son offre avec des bentos, coffrets repas japonais à emporter) et un espace théâtral, avec grandes tables en bois brut, gradins et fauteuils au milieu des livres. L'un des endroits les plus charmants du quartier, au parfum typique de l'Europe du Nord. Asseyez-vous pour feuilleter quelques pages, une tranche de pain beurré aux anchois à portée de main, et vous ne voudrez plus repartir. Todo Modo s'est développée avec le temps : elle a emporté ses bentos et une sélection de livres dans les espaces de la Manifattura Tabacchi (p. 101), et inauguré en 2021 dans l'Oltrarno **Dilà Todo Modo** (Via dei Serragli 18 ; 10h-13h et 16h-19h lun-sam, 10h-13h dim), un univers dédié aux enfants et lecteurs de tous âges passionnés de livres illustrés. (055 239 91 10 ; www.todomodo.org ; Via dei Fossi 15/R ; 12h-20h lun, 10h-20h mar-dim)

Librairie Todo Modo

Epoca Vintage

MODE VINTAGE

27 PLAN P. 82, D8

La boutique de vêtements rétro la mieux fournie de Florence offre un très large choix d'articles pour femme, ainsi qu'une bonne sélection de vêtements et d'accessoires pour homme. Les pièces des années 1950 à 1980 sont les mieux représentées : sacs Gucci, vêtements Chanel, chemises multicolores Emilio Pucci et foulards Hermès. (055 21 66 98 ; www.epocavintage.it ; Via dei Fossi 6/R ; 10h-13h30 et 15h30-19h lun-sam, 15h30-19h30 dim)

Benheart

MAROQUINERIE

28 PLAN P. 82, E8

Après avoir subi une greffe du cœur en 2012, Ben a pris conscience du caractère unique de son existence. Il a donc voulu réaliser son rêve d'enfant : créer sa propre marque. Depuis, Benheart propose vestes, sacs à dos, sacs à main et autres articles en cuir, hyper originaux et faits à la main dans la région de Florence. Il a ouvert en plein centre un deuxième point de vente (plan p. 82, D4 ; Via de' Calzaiuoli 78/R), qui est devenu son quartier général. (055 239 94 83 ; www.benheart.it ; Via della Vigna Nuova 97/R ; 9h30-20h)

Letizia Fiorini

MARIONNETTES

29 PLAN P. 82, E8

Dans son petit atelier de Via del Parione, Letizia Fiorini, l'une des artisanes florentines les plus appréciées, fabrique depuis plus de 30 ans des poupées et des marionnettes aussi charmantes qu'originales, entre autres créations en tissu et papier mâché. Tous les masques de la *commedia dell'arte* sont présents, d'Arlequin à Briguelle. Vous pouvez aussi commander une poupée sur mesure : proposez l'idée, Letizia s'occupera du reste. (348 914 69 11 ; Via del Parione 60/R ; 15h-19h mar-sam)

Giotti

CÉRAMIQUE

30 PLAN P. 82, D8

Dans ce magasin spécialisé dans les décors florentins et toscans peints à la main, on trouve des porcelaines de belle facture et d'une rare finesse. Il est peu probable que vous souhaitiez regagner votre hôtel avec une fontaine ou une petite table revêtue de faïence sous le bras (l'expédition à domicile est toutefois envisageable), mais vous pourriez vous laisser tenter par les beaux services de table et les vases de dimensions variées. (055 21 68 03 ; www.giotti.net ; Borgo Ognissanti 15/R ; 9h-13h et 15h-19h lun-sam)

L'atelier de Benheart, où on peut acheter des accessoires de cuir raffinés

GIACOMO BASSI/EDT ©

Desii Ognissanti

MODE

31 PLAN P. 82, B6

Si vous cherchez une tenue citadine qui ne dépare ni à New York ni à Singapour, explorez cette élégante boutique. Outre les marques et modèles de pantalons, chaussures, chemises et accessoires les plus courus du moment, on y trouve des accessoires chics et sobres. Pour les plus audacieux, le **DesiiLab** (055 230 25 46 ; Via della Spada 40/R ; 10h30-19h30 lun-sam), situé non loin, est spécialisé dans les articles un peu plus underground. (055 267 04 25 ; www.desiiognissanti.com ; Borgo Ognissanti 91/R ; 10h30-19h30 lun-sam)

Feltrinelli

LIBRAIRIE

32 PLAN P. 82, D4

À la gare de Santa Maria Novella, la Feltrinelli possède un grand point de vente offrant un vaste choix d'ouvrages de fiction et de guides de voyage, ainsi que de commodes tables de consultation. La librairie idéale si l'envie vous prend de lire au saut du lit ou en fin de journée : c'est la première de la ville à ouvrir et la dernière à fermer. (199 15 11 73 ; Piazza della Stazione ; 8h-20h)

GIACOMO BASSI/EDT ©

Créations de Letizia Fiorini

Promenade à pied

Parco delle Cascine

Ancienne réserve de chasse des Médicis, ouvert au public en 1776, ce parc situé derrière la gare de Santa Maria Novella est le plus grand espace vert de la ville. Aux beaux jours, joignez-vous à la foule qui investit les vastes pelouses, s'adonne à des pique-niques gargantuesques et prend le frais à l'ombre des arbres. Sinon, louez un vélo et explorez chaque recoin de ce domaine à deux pas de l'agitation citadine.

Comment y aller

Si vous ne venez pas à pied ou à vélo, prenez la ligne 1 de tramway depuis la gare de Santa Maria Novella.

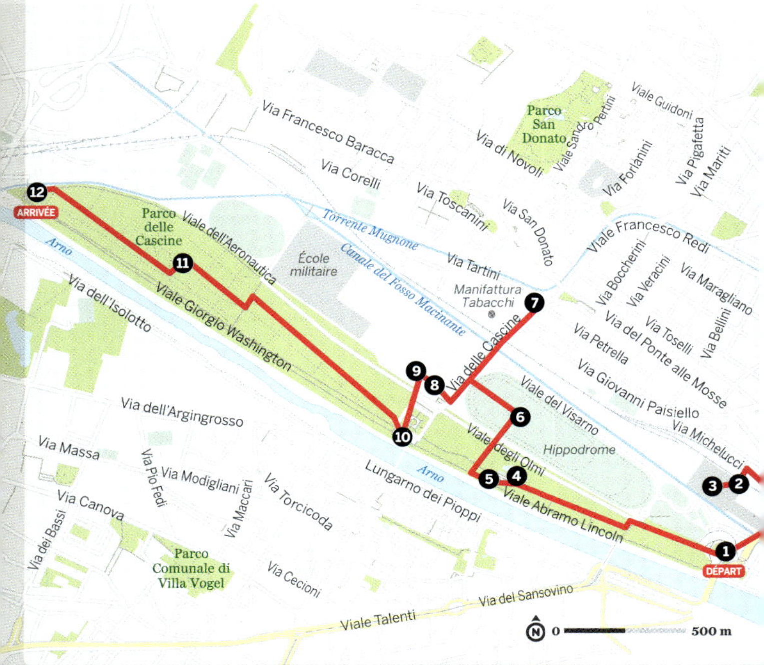

❶ Monument à Victor-Emmanuel II

L'entrée principale est marquée par le **monument équestre** (Piazza Vittorio Veneto ; ligne 1) en l'honneur de Victor-Emmanuel II, premier roi d'Italie, qui trôna Piazza della Repubblica jusqu'en 1932. Derrière la statue s'étend le **Giardino della Catena**, un jardin doté d'un petit lac, d'une grotte et d'agréables sentiers à parcourir sans hâte.

❷ Ancienne Stazione Leopolda

Non loin du monument, quasiment face à la **Porta al Prato**, l'une des quatre portes de l'enceinte fortifiée, l'**ancienne Stazione Leopolda** (055 21 26 22 ; www.stazione-leopolda.com ; Viale Fratelli Rosselli ; ligne 1) est l'espace polyvalent le plus animé de la ville. Popularisée par les conventions de l'ancien maire de Florence, Matteo Renzi, cette ancienne gare accueille chaque année des dizaines de manifestations. Si vous trouvez porte ouverte, entrez donc : l'architecture intérieure est impressionnante.

❸ Opéra de Florence

Après l'ancienne gare Leopolda, le grand édifice sur votre droite est le **Teatro del Maggio Musicale Fiorentino** (spectacles 055 200 12 78, visites guidées promozioneculturale@maggiofiorentino.com ; www.maggiofiorentino.com ; Piazzale Vittorio Gui 1 ; visite guidée tarif plein/réduit 5/2 € ; sur réservation ; ligne 1). Inaugurée en 2011 à la place du vénérable Teatro Comunale, cette salle moderne compte presque 2 000 places. Sur le toit du bâtiment, une vaste *cavea* (amphithéâtre) offre une vue spectaculaire sur la ville. Pour voir le hall, les loges, les salles de répétition ou les ateliers costumes et maquillage, inscrivez-vous à une visite guidée en envoyant un e-mail.

❹ Pyramide Ghiacciaia

Cette petite **pyramide** (Viale degli Olmi) en pierre est une glacière conçue à la fin du XVIIIe siècle par l'architecte Giuseppe Manetti. Un réfrigérateur avant l'heure, en somme, dans laquelle de la neige était conservée toute l'année – même si son usage reste flou. D'après certains, on en faisait des sorbets, très prisés des Florentins après que Catherine de Médicis, devenue reine de France, les eut importés depuis l'autre versant des Alpes ; pour d'autres, la neige recueillie permettait de conserver au frais les fromages produits par les fermes du Grand-Duché.

❺ Le Pavoniere

Aux beaux jours, si les sentiers ombragés du parc ne suffisent pas à vous rafraîchir, rendez-vous aux **Pavoniere** (www.lepavoniere.it ; Via della Catena 2 ; tarif plein/réduit 11/8 € ; 9h30-19h30 été ; ligne 1). Cette piscine, la plus ancienne et la plus élégante de la ville, est également le théâtre de concerts et de soirées apéritif en été. Les deux petits temples de style néoclassique au bord du bassin renfermaient autrefois les paons du jardin. Aujourd'hui, le complexe abrite le restaurant-pizzeria **Le Pavoniere** (☎392 172 48 59 ; repas 30-40 € ; ⏲19h-0h mer-dim, 9h-1h lun-dim été), où l'on prépare une excellente cuisine de la mer.

6 Ippodromo del Visarno

Le vaste **Ippodromo del Visarno** (☎055 33 30 61 ; www.visarno.it ; Viale del Visarno 14 ; ligne 1) attire chaque année des milliers de passionnés de sport hippique et de curieux, qui se massent dans les gradins pour assister aux épreuves de trot et de galop.

7 Teatro Puccini

Le **Teatro Puccini** (☎055 36 20 67 ; www.teatropuccini.it ; Piazza Puccini), l'un des lieux culturels les plus dynamiques de la ville, a vu le jour en 1940. À la programmation de théâtre et de cabaret se sont ensuite ajoutés des concerts de pop, de rock et de chanson d'auteur, des projections de films et des soirées-débat.

8 Palazzina Reale

Vers le centre du parc, notez la **Palazzina Reale** (Piazzale delle Cascine), un bel édifice de style néoclassique conçu par Giuseppe Manetti en 1765. Voulu par le grand-duc Pierre-Léopold de Habsbourg-Lorraine, il servait à la fois de maison de campagne pour les seigneurs de la ville et de centre névralgique pour les fermes du Grand-Duché. Fidèle à son passé, l'endroit abrite aujourd'hui la faculté d'agronomie de l'université de Florence.

9 Centre des visiteurs et Casa dell'Arno

À côté de la Palazzina Reale figurent le **centre des visiteurs** et la **Casa dell'Arno** (☎055 276 88 06 ; parcodellecascine.comune.fi.it ; ⏲10h-16h ven et 10h-17h sam-dim hiver, 9h-19h lun-dim été). Ces deux formidables espaces multimédias, équipés de panneaux informatifs et d'écrans tactiles, invitent à découvrir l'histoire, la flore et la faune de l'Arno, fleuve indissociable de Florence. On y trouvera de précieuses informations sur les meilleurs points d'observation des oiseaux, ainsi que des conseils sur la façon optimale d'explorer ce petit coin de nature urbaine.

10 Mercato delle Cascine

Les Florentins sont formels : pour les bonnes affaires, le **Mercato delle Cascine** (Viale Lincoln ; ⏲7h-14h mar) est imbattable. Tous les mardis, cette longue enfilade de stands qui recèle fruits, légumes, bibelots pour la maison, articles d'électroménager, vêtements et autres créations artisanales vous invite à découvrir quelque trésor enfoui.

11 Anfiteatro delle Cascine

Les soirs d'été, cette ancienne carrière de sable romaine transformée en **amphithéâtre**, quasiment à l'extrémité de l'espace vert, accueille des concerts et diverses manifestations. En journée, vous pourrez vous prélasser sur le verdoyant **Prato delle Cornacchie**,

Manifattura Tabacchi, une ville dans la ville

Destiné à la fabrication des tabacs et cigares toscans entre les années 1930 et 2000, le gigantesque ensemble de la **Manifattura Tabacchi** (www.manifatturatabacchi.com), Via della Cascine, est au centre d'un projet de requalification qui se donne deux objectifs : réintégrer ces espaces anciennement industriels dans le tissu social et économique de la ville – ce qui signifie fondamentalement redonner aux habitants un lieu public à vivre – et créer un centre dédié à l'accueil des créateurs de tout type, dans la continuité de la tradition d'excellences artistiques et artisanales qui anime Florence depuis la Renaissance. L'achèvement du projet est prévu pour la fin 2022, mais une aile de l'ensemble est déjà ouverte : on y organise des événements, des sets DJ et des concerts. Des espaces de coworking y sont aussi aménagés, tandis que le bistrot **Bulli & Balene** (☎366 364 03 00 ; ⏲8h30-0h45 lun-ven, 10h-0h45 sam-dim, repas 30-35 €) restaure les visiteurs occasionnels qui se mêlent aux étudiants de la proche Polimoda – la prestigieuse école de mode et de design (privée) – et **Todo Modo** (p. 94) propose ses bentos et ses livres. **SuperDuper** (superduperhats.com), quant à lui, fabrique et vend ses chapeaux artisanaux, et des magasins de mode ouvrent leurs portes, le tout laissant percevoir le dynamisme créatif de ce qui doit devenir le nouveau centre de la vie citadine.

avant de parcourir les **Otto Viottole**, un réseau de huit sentiers délicieux.

⓬ Monument all'Indiano et PIA – Palazzina Indiano Arte

À l'extrémité du Parco delle Cascine, là où la rivière Musone se jette dans l'Arno, notez le curieux baldaquin orientalisant, soutenu par quatre colonnes, qui abrite le buste de l'infortuné Rajaram Chuttraputti. En 1870, alors qu'il visitait Florence, ce prince indien mourut brutalement d'une infection à l'âge de 21 ans. Dans le respect de la tradition hindoue, après l'incinération de sa dépouille, ses cendres furent dispersées au point de confluence des deux rivières. Le **Monumento all'Indiano** (Piazzale dell'Indiano), certainement le monument le plus exotique de toute la ville, s'élève aujourd'hui à l'endroit précis où se déroula la cérémonie. La **Palazzina Indiano Arte** (www.palazzinaindianoarte.it), juste à côté, est un centre de création et une résidence pour artistes qui, exploitant son emplacement en pleine verdure, promeut des événements qui mettent l'art en relation avec la nature. Pour satisfaire votre appétit, reposez-vous sur les suggestions véganes du Mix Bistrò.

Explorer
San Lorenzo

Frénétique et plein de caractère, oscillant depuis toujours entre le sacré et le profane, ce quartier doté d'excellents restaurants et bars ravira les couche-tard comme les amateurs d'art. C'est ici que débuta l'ascension des Médicis, avec la construction d'un palais doté d'une fresque sublime, et qu'ils furent enterrés à l'abri des marbres et pierres qui ornent les tombeaux de la Basilica di San Lorenzo.

Notre sélection

- ***San Lorenzo et les Cappelle Medicee** (p. 104)*
  Entre des palais austères, une basilique millénaire, écrin de Brunelleschi pour les dépouilles des Médicis, veillées par les chefs-d'œuvre éternels de Michel-Ange et Donatello.

Comment y aller et circuler

Consultez le site www.at-bus.it et l'application TABNET pour les lignes, les horaires et les billets.

Plan p. 110

Vue sur le Mercato Centrale TUPUNGATO/SHUTTERSTOCK ©

Les incontournables

Basilica di San Lorenzo et Cappelle Medicee

Consacrée par saint Ambroise en 393, agrandie vers l'an 1000 avant d'être magnifiée au XVe siècle grâce à la générosité des Médicis, la Basilica di San Lorenzo est un sublime mausolée aux nombreux joyaux artistiques qui vous raconteront l'extraordinaire épopée médicéenne dès que vous aurez franchi le seuil.

PLAN P. 110, D6

www.operamediceal aurenziana.it

entrée basilique 6 €

10h-17h lun-sam

Piazza San Lorenzo

C1, 14, 23

Les chefs-d'œuvre de Brunelleschi, Donatello et Michel-Ange

Ne vous arrêtez pas à la façade inachevée de Michel-Ange, qui accueille le visiteur avec ses rangées inégales de *pietra forte*. Une fois la porte franchie, on pénètre dans un espace où la stricte harmonie des lignes tracées par Brunelleschi donne le tournis, sous l'effet de l'enfilade de colonnes qui caractérisent les trois nefs dotées de voûtes en berceau. Faites une halte dans la deuxième chapelle du bas-côté droit, où vous attend le saisissant *Mariage de la Vierge* de Rosso Fiorentino, puis gagnez le point où la nef centrale et le transept se croisent. La *Chaire de la Passion* et la *Chaire de la Résurrection*, deux œuvres en bronze de Donatello, parmi les dernières de l'artiste, veillent sur le tombeau de Côme l'Ancien, patriarche des Médicis. Ce dernier repose devant l'autel (lieu d'ordinaire réservé aux saints), sous un grand disque de granit rouge.

La Sagrestia Vecchia

Depuis la partie gauche du transept, on accède à la **Sagrestia Vecchia**, à laquelle Brunelleschi se consacra. Cette sacristie à plan centré, dotée d'un autel enchâssé dans une *scarsella* (abside rectangulaire ou carré) offre l'alliance parfaite de l'austérité architecturale et de l'éclectisme ornemental : le contraste entre la *pietra serena* des éléments structurels et la polychromie des stucs, façonnés par Donatello, crée un magistral espace scénographique. Après avoir admiré, sur les pendentifs de la voûte, les tondos de Donatello représentant les *Épisodes de la vie de saint Jean Baptiste* et les *Portraits des Évangélistes*, contemplez la petite coupole de la *scarsella*. Y figure le ciel étoilé de Florence dans la nuit du 4 juillet 1442. Si l'on ignore avec certitude l'origine de cette fresque, on sait qu'une voûte identique figure dans la Cappella dei Pazzi, à Santa Croce. Ne manquez pas le *Tombeau de Jean de Médicis*, d'Andrea del Verrocchio.

★ À savoir

- Si vous visitez San Lorenzo en été, prévoyez un foulard pour vous couvrir éventuellement les jambes et les bras : l'entrée est réservée aux personnes vêtues de façon adéquate.
- N'oubliez pas que la basilique et les Cappelle Medicee ont deux billetteries séparées : la première se trouve près de l'entrée de l'église, la seconde à l'arrière. Dernière entrée 1 heure avant la fermeture.
- Il est possible de visiter gratuitement le cloître à gauche de la basilique : une véritable oasis de sérénité et de fraîcheur.

Une petite faim ?

À la **Trattoria La Burrasca** (plan p. 110, C3 ; ☎ 055 21 58 27 ; Via Panicale 6/R ; repas 10-30 € ; ⏲ 12h-15h et 19h-22h30 mar-dim), on déguste une exquise cuisine toscane.

Les Cappelle Medicee (chapelles des Médicis)

On accède aux **Cappelle Medicee** (☎055 064 94 30 ; Piazza Madonna degli Aldobrandini 6 ; tarif plein/réduit 9/2 € ; 🕘8h45-13h30 sam-lun, 13h45-18h30 mer-ven) par l'arrière de la basilique. Après avoir dépassé la crypte, entrez dans la **Cappella dei Principi**, conçue en 1604. Dans les niches murales sont exposés les tombeaux de Côme Ier, François Ier et Côme III de Médicis, ducs et grands-ducs de Florence. Prenez le temps de scruter la perfection des marqueteries de pierre dure dans les armoiries des cités ducales, visibles aux murs et dans le grand autel orné de coraux, de lapis-lazuli et de nacre : on les doit aux artisans de l'Opificio delle Pietre Dure (p. 132), une manufacture de tailleurs fondée pour l'occasion.

Intérieur des Cappelle Medicee

PERSEOMED/ISTOCKPHOTO©

La Sagrestia Nuova

Identique en volumes et en proportions à la sacristie de Brunelleschi, la **Sagrestia Nuova** (1521) est le chef-d'œuvre du Michel-Ange architecte et sculpteur. Moins exubérante que la Cappella dei Principi voisine, elle séduit toutefois par son élégance. Le long des murs qui encadrent l'autel, notez les tombeaux de Julien de Médicis, duc de Nemours, et de son neveu Laurent, duc d'Urbino. Au-dessus des tombeaux, observez les allégories de la *Nuit* et du *Jour*, du *Crépuscule* et de l'*Aurore*. Sous vos pieds se trouve une cavité (fermée au public) dans laquelle Michel-Ange se réfugia pendant quelques mois après avoir tourné le dos aux Médicis. Ces derniers furent chassés de la ville par Savonarole (voir l'encadré p. 131), tandis que l'artiste se consacrait à la construction des remparts sur l'ordre de la République instaurée par le dominicain. Une fois les Médicis revenus à Florence, les "traîtres" furent conduits au gibet – tous, sauf Michel-Ange. Après avoir fui, ce dernier revint à Florence et, avec l'aide du prieur de San Lorenzo, se cacha au cœur de la chapelle en attendant que le pape Clément VII (Jules de Médicis) le rappelle pour achever la Sagrestia Nuova. Il dessina sur les murs voûtés de son refuge des études de mains, de pieds et de corps parfaitement harmonieux.

Bossus, rachitiques et goutteux : la face cachée des Médicis

Riches, ils l'étaient sans conteste. Riches et rusés. Mais beaux, certainement pas. Au contraire, les Médicis étaient plutôt laids et de santé (très) fragile. Oubliez donc l'iconographie officielle : la vérité, révélée par une étude menée par les universités de Florence et de Pise, est tout autre. Après avoir ouvert les tombeaux de la crypte, où reposaient les 49 membres de la famille (les précieux sépulcres sont désormais vides), les chercheurs ont effectué une autopsie à partir de leurs dépouilles et rédigé leurs dossiers médicaux. Le résultat est sans pitié.

Une dynastie de malades chroniques

À 50 ans, **Côme Ier** était partiellement paralysé, incontinent et incapable de parler. Son épouse, **Éléonore de Tolède**, après une existence passée à lutter contre le rachitisme et la tuberculose, succomba à la malaria, tout comme deux de ses 11 enfants. Pour sa part, **François Ier** souffrait d'obésité, tandis que sa femme **Jeanne d'Autriche** était affectée d'une grave forme de scoliose. Et que dire de la goutte, véritable malédiction familiale ? Au point que Pierre Ier fut surnommé **Pierre le Goutteux**. Un mal partagé par **Ferdinand Ier**, qui en subit les effets dès la trentaine, et par son fils **Carlo**. Sans parler de l'arthrite qui les affectait tous.

Une vie de palais, entre excès et absence de soleil

Toutefois, le facteur génétique n'explique pas tout. En vérité, la vie menée par les Médicis était loin d'être saine. L'exercice ? Très peu pour eux. Quant à la nourriture, si elle ne manquait pas, elle se composait essentiellement de viande copieusement arrosée d'alcool. Avec pareil régime, la goutte ne pouvait que frapper. Ajoutez à cela que les Médicis vivaient enfermés depuis leur plus tendre enfance dans des palais obscurs, respirant la poussière et la fumée des cheminées. L'été, jamais la peau ne profitait des caresses et des bénéfices du soleil. Ces seigneurs à l'ossature fragile étaient d'ailleurs tous rachitiques. Ceux que le sujet passionne consulteront le site www.paleopatologia.it, riche en informations et en curiosités notables.

Promenade à pied

Petite balade dans Via Faenza

Après avoir souffert d'une mauvaise réputation pendant quelques années, la Via Faenza est devenue l'épicentre de l'un des secteurs les plus vivants de la ville. Cette longue rue piétonne abrite des vestiges de la Renaissance florentine et des bars nocturnes séduisants.

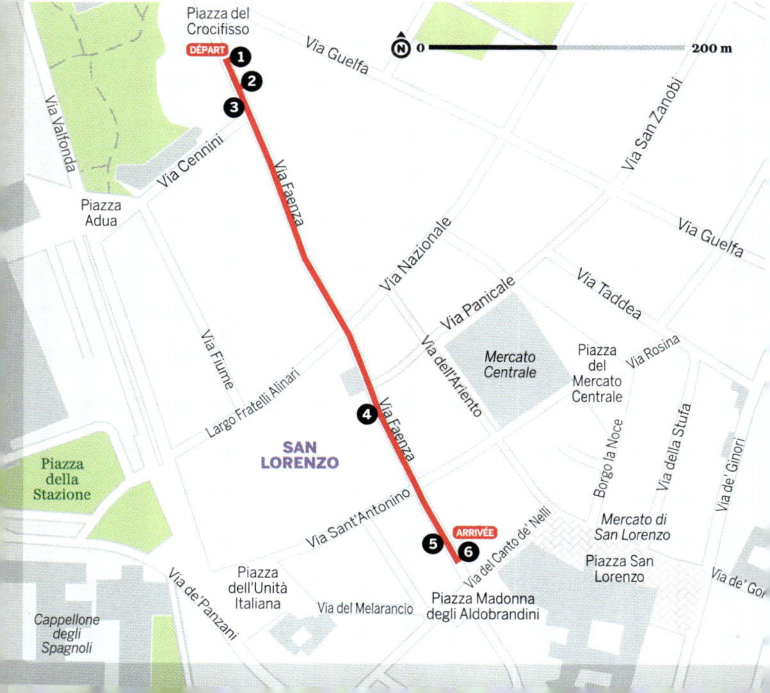

❶ Tabernacle de la Vierge Marie

Partez de l'extrémité nord de la rue, quasiment à la limite du quartier de Santa Maria Novella. Arrêtez-vous devant le **tabernacle** pour admirer la délicate *Vierge à l'Enfant* (Via Faenza 40), bien qu'elle soit à demi cachée par une vitre de protection. Elle fut peinte par Giovanni da San Giovanni au début du XVIIe siècle.

❷ Une Cène méconnue

Par une porte non loin de l'icône, on accède à l'**ancien couvent de Sant'Onofrio** qui abrite le **Cenacolo di Fuligno** (☎055 28 03 91 ; www.polomusealetoscana.beniculturali.it ; Via Faenza 42 ; ⏲9h-12h mar, jeu et sam). Peinte en 1493 par le Pérugin (le maître de Raphaël), cette *Cène* est parmi les moins connues de Florence. Les noms des apôtres, aux pieds de chacun d'entre eux, trahissent la vocation pédagogique de l'œuvre.

❸ Villa Strozzi

Un peu plus loin, à l'angle de la **Via Cennini**, une inscription rappelle que la petite **Villa Strozzi** accueillit le poète Lamartine. Stendhal, venu à Florence afin d'achever *Le Rouge et le Noir*, y séjourna également.

❹ L'église des Templiers

En continuant sur quelques centaines de mètres, après la **Via Nazionale**, notez les arcades dotées de colonnes en pierre sur votre droite : il s'agit de la **Chiesa di San Jacopo in Campo Corbolini** (Via Faenza 43 ; ⏲ouverture lors d'événements exceptionnels), datant du XIIIe siècle et jadis propriété des Templiers. Si l'église est ouverte, admirez la **dalle funéraire** commémorant Luigi Tornabuoni ou encore l'élégant *Mariage mystique de sainte Catherine*, de Ridolfo del Ghirlandaio, fils de Domenico. Les deux œuvres se trouvent sur le bas-côté gauche.

❺ Au royaume des bières artisanales

Après cette cure d'art, il est temps de s'offrir une pause roborative. La Via Faenza recèle deux bonnes adresses, à quelques mètres d'intervalle. Le **Dublin Pub** (☎055 274 15 71 ; www.facebook.com/www.dublinpub.it/ ; Via Faenza 27/R ; ⏲17h-2h) attire chaque soir une foule d'étudiants étrangers, tandis qu'au **BrewDog** (☎055 21 70 35 ; www.brewdog.com ; Via Faenza 21/R ; ⏲12h-2h), on sert des bières artisanales de qualité au milieu des graffitis colorés.

❻ Une note sucrée pour conclure

Juste avant de déboucher sur la Piazza Madonna degli Aldobrandini, l'**Antica Gelateria Fiorentina** (☎055 975 39 15 ; Via Faenza 2/A ; ⏲12h15-18h lun-jeu, 12h15-22h ven-sam, 15h-19h dim) sera pour vous l'occasion d'une pause glace ou sorbet avant de poursuivre votre découverte des merveilles de San Lorenzo.

Nos adresses
Les incontournables p. 104
Voir p. 112
Se restaurer p. 117
Prendre un verre p. 122
Shopping p. 123
0
100 m
N
A
B
C
D
E
F
1
2
3
4
Piazza della Indipendenza
Via Santa Caterina d'Alessandria
Via XXVII Aprile
Via Santa Reparata
Via degli Arazzieri
Via San Zanobi
Via Guelfa
Via San Gallo
Via S Orsola
Via Nazionale
Via Panicale
Via Taddea
Via Rosina
Via dell'Ariento
Via Faenza
Trattoria La Burrasca
Mercato Centrale
Piazza del Mercato Centrale
5
6
7
8
9
11
13
14
16
17
22
23
24
25
27

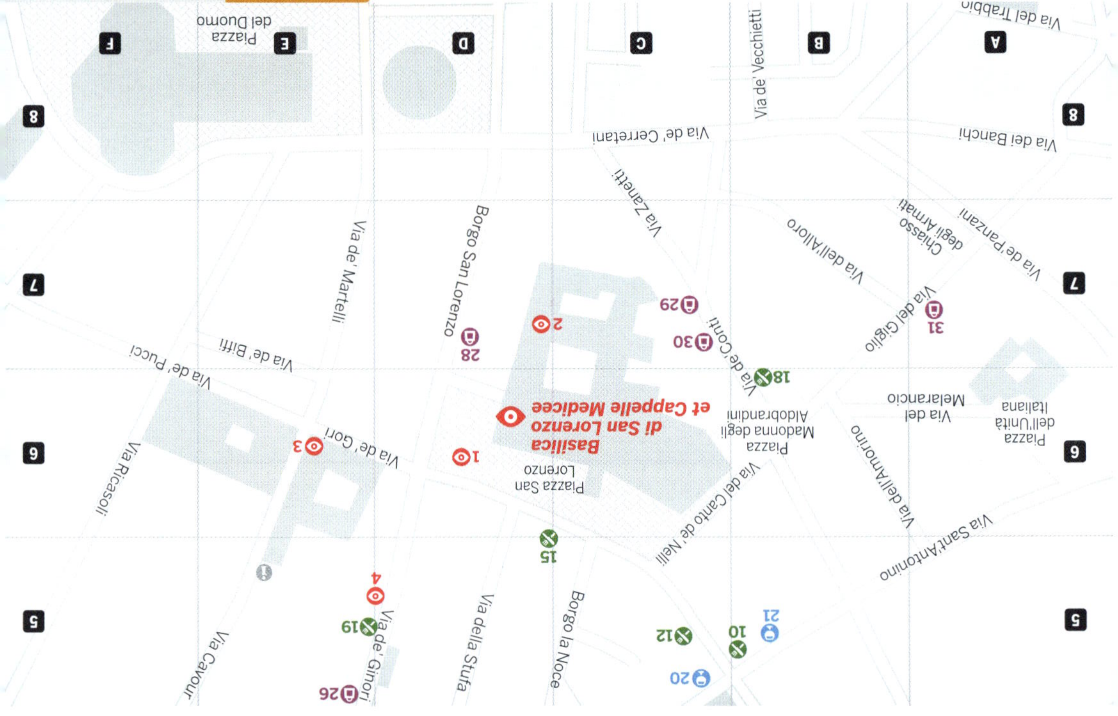
Basilica di San Lorenzo et Cappelle Medicee
Piazza del Duomo
Piazza San Lorenzo
Piazza Madonna degli Aldobrandini
Piazza dell'Unità Italiana
Via de' Cerretani
Via de' Vecchietti
Via dei Banchi
Via del Trabbio
Via Zanetti
Via dell'Alloro
Chiasso degli Armati
Via de'Panzani
Via del Giglio
Via de'Conti
Via del Melarancio
Via dell'Amorino
Via Sant'Antonino
Via del Canto de' Nelli
Borgo la Noce
Via della Stufa
Borgo San Lorenzo
Via de' Martelli
Via de' Biffi
Via de' Pucci
Via de' Gori
Via Ricasoli
Via Cavour
Via de' Ginori
1
2
3
4
10
12
15
18
19
20
21
26
28
29
30
31
A
B
C
D
E
F
5
6
7
8

Voir

Piazza San Lorenzo PLACE

1 PLAN P. 110, D6

S'il s'agit avant tout d'un lieu de passage, cette place mérite néanmoins une halte pour le **Monumento a Giovanni dalle Bande Nere**. Façonné par Baccio Bandinelli à la fin du XVIe siècle et destiné à figurer dans la basilique, ce monument dut attendre presque trois siècles pour trouver son emplacement définitif. En effet, si le soubassement en marbre rejoignit son site actuel en 1620, la statue du condottiere siégeant sur son trône fut d'abord installée au Palazzo Vecchio. Les deux éléments furent enfin réunis au XIXe siècle.

En poursuivant le long du flanc droit de l'église, notez la petite **statue d'Anna Maria Luisa de' Medici**, dernière représentante de la dynastie Médicis. Le 31 octobre 1737, Maria Luisa obtint par le "Pacte de famille" que les nouveaux maîtres, la maison de Lorraine, ne puissent emporter hors du grand-duché de Toscane aucun des objets d'art et des livres qu'il contenait. Si vous voyez Florence telle qu'elle est aujourd'hui, le mérite lui en revient.

Gare aux heures d'ouverture

Bien qu'elles fassent partie d'un même ensemble, la Basilica di San Lorenzo (p. 104), les Cappelle Medicee (p. 106) et la Biblioteca Medicea Laurenziana (p. 112) n'affichent pas les mêmes jours et heures d'ouverture. Si vous ne voulez pas être obligé de revenir plusieurs fois, planifiez soigneusement votre visite.

Biblioteca Medicea Laurenziana BIBLIOTHÈQUE

2 PLAN P. 110, D7

Cette élégante bibliothèque fut conçue par Michel-Ange en 1519 sur l'ordre du cardinal Jules de Médicis (futur pape Clément VII) en vue d'accueillir une partie de l'immense collection de livres de la famille. On y accède par le cloître situé à gauche de l'entrée de la basilique San Lorenzo. Laissez-vous guider par Michel-Ange et quittez le sombre **vestibule**, dominé par un sinueux escalier en pierre de Florence, pour gagner la **salle de lecture**, entourée de hauts secrétaires en bois prévus pour l'étude des moines et la conservation des ouvrages. Après avoir parcouru le couloir au sol en marbre finement marqueté, pénétrez dans la **Tribuna d'Elci**, splendide rotonde néoclassique de 1841. Sous le plafond à caissons de la coupole sont exposés des milliers d'ouvrages, de manuscrits et de papyrus égyptiens. (☎055 293 79 11 ; www.bmlonline.it ; Piazza San Lorenzo 9 ; tarif plein 7,50 € avec accès à la Basilica di San Lorenzo,

PETER BULUKIN/SHUTTERSTOCK ©

Entrée de la Biblioteca Medicea Laurenziana

bibliothèque uniquement 3 € ; ouvert lors des expositions)

Palazzo Medici-Riccardi

PALAIS/MUSÉE

3 PLAN P. 110, E6

Ce sobre palais, dont la construction fut confiée par Côme l'Ancien à l'architecte Michelozzo vers 1445, fut la première résidence des Médicis. Si cet édifice privé est un bel exemple d'architecture Renaissance, c'est surtout le cycle de fresques de Benozzo Gozzoli (1459) de la splendide **Cappella dei Magi** qui invite à en franchir le seuil. Gozzoli le réalisa en faisant du disque de porphyre rouge encastré au milieu du raffiné pavement de marbre le centre de sa perspective. Là, en regardant *le Cortège des Mages*, attribuée à Filippo Lippi, avec ses anges et ses chérubins bouclés, vous pourrez ressentir la merveilleuse harmonie des murs peints. Les animaux, les vêtements, les harnachements des chevaux, le paysage élaboré, entre réalité et fantastique, sont un régal. Et, au milieu de tout cela, les membres de la famille Médicis, d'une beauté irréelle (voir encadré p. 107), fiers et parfaits, dans leurs postures royales. Comme sur la paroi est, où Laurent le Magnifique, vêtu de noir, ouvre le cortège sur son cheval blanc, suivi par son père Pierre et son grand-père Côme, Le peintre s'est représenté derrière eux, dans la procession des Florentins illustres : il vous regarde dans les yeux, et, pour que nul ne l'ignore, il a inscrit son nom sur son bonnet

Les six “boules” des Médicis

Impossible de le manquer quand on visite la Biblioteca Medicea Laurenziana : sur les grandes fenêtres de Vasari qui illuminent la salle de lecture, au milieu des *grottesche* et des putti, se détache un blason serti de six boules, symbole éternel des Médicis. Leur signification fait débat : selon une hypothèse audacieuse, il s'agirait des traces laissées par la massue du légendaire géant Mugello sur le bouclier d'Évrard, ancêtre de la maison des Médicis. Selon une autre version, ces boules représenteraient des pièces de monnaie, comme celles qui figurent sur les armoiries de l'Arte del Cambio, corporation à laquelle les Médicis appartenaient en tant que banquiers.

rouge : *Opus Benotii*. Les autres parois sont aussi son œuvre : celle de l'autel, représentant un empereur byzantin barbu, Jean VIII Paléologue, chevauchant entre des collines ondulées, et celle à l'ouest, dominée par la silhouette bleu ciel de Julien, le frère de Laurent.

En sortant de cet écrin coloré, il sera difficile de vous réadapater et de poursuivre votre visite dans les pièces de représentation du palais, qui abritent des bureaux administratifs. Traversez-en certaines, transformées aux XVIIe et XVIIIe sièclex par les marquis Riccardi, qui rachetèrent le palais après que les Médicis se furent installés au Palazzo Vecchio. La décoration typiquement baroque donne le meilleur d'elle-même dans la **Galleria Riccardiana**, un long espace flanqué de miroirs peints et encadrés de stucs dorés, sur le plafond duquel trône une énorme et complexe fresque de Luca Giordano, représentant l'Apothéose des Médicis, hommage des nouveaux propriétaires du palais à leurs prédécesseurs. (☎ 055 276 03 40 ; www.palazzomediciriccardi.it ; Via Cavour 3 ; tarif plein/réduit 10/6 € ; ⏲ 9h-19h jeu-mar)

Biblioteca Riccardiana

BIBLIOTHÈQUE

4 ◉ PLAN P. 110, D5

Par une porte située Via de' Ginori, à l'arrière du Palazzo Medici-Riccardi (p. 113), on accède à la fastueuse Biblioteca Riccardiana. Fondée au XVIIIe siècle, elle abrite des milliers de manuscrits et de livres rares. Il est peu probable que vous puissiez voir la traduction du Coran du XIIIe siècle, ou les œuvres de Dante annotées à la main par Le Tasse. Vous pourrez néanmoins visiter la salle de lecture, tout en dorures et en stucs avec sa fresque baroque au centre du plafond exécutée à la fin du XVIIe siècle par le Napolitain Luca Giordano, à qui l'on doit aussi les fresques de la Galleria Riccardiana (page ci-contre). (☎055 21 25 86 ; www.riccardiana.firenze.sbn.it ; Via Ginori 10 ; 🕗8h15-17h15 lun et jeu, 8h15-13h45 mar, mer et ven ; visites guidées sur rdv)

Museo delle Macchine di Leonardo

MUSÉE

5 PLAN P. 110, E5

Au fil de quatre salles, ce musée privé récréatif et stimulant expose une cinquantaine de reproductions en bois des inventions de Léonard de Vinci. Ces machines, simples comme la catapulte, ou complexes comme le précurseur de l'hélicoptère, ont été recréées à la main par une équipe d'artisans sur la base même des notes du prolifique artiste. (☎055 22 99 01 ; www.museoleonardodavincifirenze.com ; Via Cavour 21 ; tarif plein/réduit 8/7 € ; 🕗9h-19h30 lun-dim été, 10h30-18h30 lun-ven, 10h30-19h30 sam-dim hiver)

Casa di Collodi

ÉDIFICE

6 PLAN P. 110, C4

Dans cette modeste bâtisse jaune de 2 étages, construite par la famille Ginori (voir l'encadré p. 90) pour loger les domestiques travaillant dans la résidence voisine, naquit Carlo Lorenzini, dit Collodi, le père de Pinocchio. Hormis une plaque à sa mémoire, l'endroit est

Cour intérieure du Palazzo Medici-Riccardi (p. 113)

INNAFELKER/SHUTTERSTOCK ©

Petits détails cocasses à découvrir en levant la tête

En vous baladant dans San Lorenzo, vous découvrirez quelques détails insolites qui vous intrigueront ou vous amuseront. Par exemple, dans la **Via Panicale**, à l'angle de la Via Chiara, un grand "R" blanc sur fond noir indique la direction de l'abri antiaérien construit sous le Mercato Centrale (p. 120) pour protéger la population des bombardements. Non loin se trouve le **Palazzo Viviani** (Via Sant'Antonino 11), également appelé Palazzo dei Cartelloni. En 1693, le propriétaire, un célèbre mathématicien, fit placarder sur la façade trois inscriptions touffues et presque illisibles exécutées de sa main pour célébrer les découvertes de l'astronome Galilée, dont le buste trône au-dessus de la porte d'entrée. Enfin, remarquez la grande fenêtre murée à l'intersection des **Via de' Pucci** et Via dei Servi : c'est de là que deux hommes armés d'arquebuses avaient prévu d'abattre Côme Ier pour venger Pandolfo Pucci, un ancien proche des Médicis éloigné de la cour. L'attentat échoua, les conspirateurs furent pendus et le duc ordonna que la fenêtre fût murée à jamais.

quelconque. Toutefois, si vous rendez visite à l'**Associazione Pinocchio** (www.pinocchiohome.org ; Via del Giglio 15 ; visites sur rdv), qui se bat pour que voie le jour à Florence un musée dédié à l'espiègle personnage, vous pourrez visiter un petit espace d'exposition comportant quelques objets, livres et dessins relatifs aux aventures de la marionnette née en 1881. Si vous cherchez d'autres traces de Collodi dans le quartier, rendez-vous devant la façade du **Palazzo Ginori** (Via Rondinelli 17), où une inscription rappelle que l'auteur séjourna ici, chez son frère, pendant la rédaction de son roman. (Via Taddea 21)

Tabernacolo delle Fonticine

TABERNACLE

7 PLAN P. 110, B3

Protégé par une niche en berceau, ce tabernacle domine une élégante vasque en marbre à sept têtes de chérubins, dont jaillissent autant de jets d'eau. L'ouvrage est en terre cuite émaillée, une technique rendue célèbre par les ateliers de la famille Della Robbia, qui œuvra sur les plus importants monuments florentins. La délicate *Vierge à l'Enfant parmi les saints*, réalisée en 1522 par Giovanni Della Robbia, invite à se perdre dans les détails de sa composition. Attention à ne pas vous faire renverser : le trottoir est presque inexistant et les voitures filent à vive allure sur la Via Nazionale. (Via Nazionale)

Se restaurer

My Sugar

GLACIER €

8 PLAN P. 110, E4

Depuis 2015, cette boutique artisanale italo-japonaise est une référence locale des amateurs de glaces et yaourts. Outre les parfums classiques, les audacieux tenteront les glaces au chocolat au chianti, thé matcha, à la rose, et autres suprises. (Via de' Ginori 49/R ; www.facebook.com/mysugargelatoartigianale ; 12h30-21h mer-lun l'hiver, horaires élargis l'été)

Bar Mama

BAR €

9 PLAN P. 110, C3

Très fréquenté par les habitants et les employés travaillant alentour, ce bar de quartier n'a rien de spécial. Pourtant, asseyez-vous pour savourer une fougasse à la mortadelle ou pour boire un café, et vous vous sentirez florentin à tout point de vue. (055 238 11 80 ; Via Guelfa 57/R ; 6h-21h)

Sieni

PÂTISSERIE €

10 PLAN P. 110, B5

Fondée en 1909 à quelques mètres du Mercato Centrale, cette pâtisserie est devenue au fil du temps l'une des meilleures du quartier. Excellents biscuits et feuilletés fourrés à la crème,

Le Mercato di San Lorenzo

SHUANG LI/SHUTTERSTOCK ©

à la ricotta et aux raisins secs ou bien au chocolat. (☎055 21 38 30 ; www.pasticceriasieni.it ; Via dell'Ariento 29/R ; 🕒7h30-19h30)

Vecchio Forno

BOULANGERIE €

11 PLAN P. 110, E3

Apaisez votre appétit de sucres lents avec un choix respectable de pizzas, fougasses, croissants sucrés et salés, ou encore de tartes et gâteaux. Les *croccantelle*, de fines tranches de pain feuilleté et parfumé, ont la cote. (☎055 265 40 69 ; Via Guelfa 32/R ; 🕒7h-20h lun-sam)

Lampredotto et covaccino

Deux spécialités populaires incontournables à découvrir. Le **lampredotto**, mets emblématique de la cuisine de rue, peut se déguster en sandwich ou en assiette. Cette spécialité est à base de caillette, l'une des quatre poches de l'estomac des bovins, bouillie avec un mélange de tomate, d'oignon, de céleri et de persil. Elle est servie coupée en petits morceaux et accompagnée d'une *salsa verde*. Dans le quartier, la meilleure adresse est le **Nerbone** (p. 118). Si le *lampredotto* ne vous inspire pas, essayez le **covaccino**. Derrière ce nom se cache un petit pain rond à base de farine, sel et levain, rehaussé d'huile d'olive et cuit au four à pain. Entre la pizza blanche et la focaccia, en somme. Un délice qui se déguste garni de charcuterie, ou nature. Testez celui du **Vecchio Forno** (p. 118).

Casa del Vino

BAR À VINS €

12 PLAN P. 110, C5

Dans ce bar à vins, dont les hauts rayonnages en bois sculpté débordent de vins toscans, commandez sans réfléchir. Vous ne serez pas déçu. Qu'il s'agisse d'un œuf sur le plat ou d'une portion de *baccalà* (morue), vous en redemanderez. Si vous êtes pressé, vous pouvez aussi savourer un sandwich composé à votre guise. Le tout accompagné d'un verre de vin, bien sûr. (☎055 21 56 09 ; www.casadelvino.it ; Via dell'Ariento 16/R ; 🕒9h30-15h30 lun-jeu, 10h-14h30 et 19h-22h ven-sam)

Nerbone

TRIPERIE €

13 PLAN P. 110, C4

Autrefois, après une longue matinée de labeur, les travailleurs du marché avaient besoin d'un repas roboratif. Le Nerbone savait y faire, avec des plats à base de tripes comme le *lampredotto*. Aujourd'hui, les choses ont changé, mais l'endroit sert encore des plats et des sandwichs maison parmi les plus renommés de la ville. Réservé aux estomacs solides. (☎339 648 02 51 ; Mercato Centrale, rdc ; repas 5-12 € ; 🕒8h-15h lun-sam)

Le Mercato Centrale

Trattoria Mario

TRATTORIA **€€**

14 PLAN P. 110, D4

Chez Mario, dans une ambiance familiale et authentique, on mange divinement bien et à prix doux. Toutefois, si vous désirez vous installer autour d'une table revêtue d'une nappe en papier pour savourer des tripes, de la *ribollita* (soupe de légumes), du *stracotto* (bœuf mijoté au vin rouge), des raviolis ou des *fettuccine*, vous devrez laisser votre nom au comptoir, vous enquérir du temps d'attente (45 minutes en moyenne), puis aller faire un tour dans le quartier pour patienter. (☎055 21 85 50 ; www.trattoriamario.com ; Via Rosina 2/R ; repas 15-25 €, 30 € avec le bifteck à la florentine ; ⏲12h-15h lun-sam, aussi 19h30-21h30 jeu-sam)

Trattoria Sergio Gozzi

TRATTORIA **€€**

15 PLAN P. 110, D5

Tables en marbre, tableaux aux murs, hauts plafonds voûtés... ici, le temps semble s'être arrêté il y a un siècle, à l'époque où l'arrière-grand-père de Sandro, l'actuel propriétaire, décida de se mettre aux fourneaux. La cuisine, elle non plus, n'a pas changé : plats à base d'ingrédients de saison, portions généreuses et large menu. Évitez toutefois de commander une *ribollita* en août, à moins de vouloir fâcher l'aubergiste. (☎055 28 19 41 ; Piazza San Lorenzo 8/R ; déj 18-25 € ; ⏲12h-15h45 lun-sam, aussi 19h45-23h ven-sam)

Zà Zà

TRATTORIA €€

16 PLAN P. 110, D4

Cette trattoria assez éclectique, située juste en face du Mercato Centrale, est très fréquentée par les touristes. Sa cuisine n'en est pas moins réputée et fidèle aux recettes florentines d'antan, pimentées d'intéressantes variations. Prenez place dans l'une des curieuses salles mêlant meubles anciens et fresques futuristes afin de goûter quelques-unes des spécialités de la maison : risotto aux asperges et à la truffe, osso buco aux petits pois ou encore carré de porc au four. Grande terrasse. (055 21 54 11 ; www.trattoriazaza.it ; Piazza del Mercato Centrale 26/R ; repas 20-40 € ; 11h-23h)

Cafaggi

RESTAURANT €€

17 PLAN P. 110, D3

Demandez à un Florentin de vous recommander une bonne adresse où manger local dans le centre et neuf fois sur dix, il vous répondra le Cafaggi. Réservez donc dans ce restaurant aux murs boisés de style années 1970. Gestion familiale, cuisine excellente et ambiance légère – on n'en dira pas autant des tripes ou de la cervelle frite, mais il faut parfois écouter son estomac. Au cas où vous ne seriez pas féru de

Les produits gastronomiques du Mercato Centrale

Installé au premier étage de l'historique marché couvert de San Lorenzo, le **Mercato Centrale** est depuis quelques années l'une des haltes gastronomiques les plus intéressantes de Florence (plan p. 110, C4 ; 055 239 97 98 ; www.mercatocentrale.it/firenze ; Piazza del Mercato ; 8h-0h). Entre la vingtaine de stands qui proposent les excellences de la cuisine italienne et les quelque 500 places assises, soyez sûr que vous trouverez quelque chose qui vous plaira. Après avoir fait un tour entre les étals historiques (7h-15h lun-ven, 7h-17h sam) du rez-de-chaussée, montez quelques marches et apaisez votre appétit, ou bien suivez le fumet du poisson cuisiné à la demande : vous arriverez à la **Pescheria Sugarello** (sugarello.it ; 8h30-14h30 mar-ven, jusqu'à 17h sam), qui sert de la cuisine de rue – comme des boulettes de poisson frites – dans un cornet à emporter, mais qui réserve aussi quelques tabourets aux clients tentés par les brochettes de poisson ou autres plats du jour servis rapidement (environ 10 €). Si vous voulez vous entraîner à passer aux fourneaux, inscrivez-vous pour un cours express à la **Scuola di Cucina Lorenzo de' Medici** (334 304 05 51 ; www.cucinaldm.com ; cours en anglais et en italien), installée à l'étage.

GIACOMO BASSI/EDT ©

Le restaurant concept (et bien plus encore) La Ménagère

viande, signalons le poisson de haut vol. (055 29 49 89 ; www.ristorantecafaggi.it ; Via Guelfa 35/R ; repas 20-45 € ; 12h30-15h et 19h-22h mar-sam, 12h30-15h dim)

Cipolla Rossa

RESTAURANT **€€/€€€**

18 PLAN P. 110, B6

Malgré ses airs d'adresse un peu trop commerciale, l'"Oignon rouge" est avant tout un bon restaurant, très prisé des Florentins. Ici, les amateurs de viande tombent en pâmoison. Excellente carte des vins. Le Chianti di Castelgreve, le rouge de la maison servi en fiasque, accompagnera idéalement les viandes rôties. (055 21 42 10 ; www.osteriacipollarossa.com ; Via dei Conti 53/R ; repas 35-55 € ; 12h-15h et 19h-23h)

La Ménagère

RESTAURANT CONCEPT **€€/€€€**

19 PLAN P. 110, E5

S'il fallait élire le restaurant le plus original de Florence, ce vaste espace aurait de bonnes chances de l'emporter. Il abrite un restaurant, un bistrot servant des brunchs le week-end, un bar à cocktails, une petite boutique vendant des objets design et un fleuriste, sans oublier l'espace dédié à la musique live (jazz) en bas. Seul bémol, les portions évoquent parfois la nouvelle cuisine. (055 075 06 00 ; www.lamenagere.it ; Via de' Ginori 8/R ; repas 40-60 € ; 8h-2h)

Prendre un verre

Sabor Cubano

PUB

20 PLAN P. 110, C5

Dans cet établissement joyeusement coloré, où l'on sert le meilleur mojito de la ville d'après les *aficionados*, la musique live résonne plus ou moins une fois par semaine. Si vous n'aimez pas les rythmes caribéens, passez-y à l'heure de l'apéritif, ou en fin de soirée, pour goûter la large gamme de rhums servis par des barmans charmants et professionnels. Au premier étage, un petit *concept store* propose des vêtements vintage et d'intéressantes créations de la styliste Marcella Rancan. (331 773 15 36 ; www.saborcubanofirenze.com ; Via Sant'Antonino 64/R ; 19h-1h mar-sam)

Fratelli Zanobini

BAR À VINS

21 PLAN P. 110, B5

Ce bar à vins-débit de boissons aux murs tapissés de milliers de bouteilles est probablement le mieux fourni de la ville. Tenue par la même famille depuis 1944, cette adresse authentique séduit surtout à l'heure de l'apéritif. En partant, vous n'en reviendrez pas d'avoir dépensé aussi peu. (055 239 68 50 ; www.lelame.com ; Via Sant'Antonino 47/R ; 8h30-14h et 15h30-20h lun-sam)

PanicAle

PUB

22 PLAN P. 110, B4

Ce pub logé sous les arcades qui longent le Mercato Centrale

Da Mario, l'une des trattorias les plus typiques de San Lorenzo (p. 119)

GIACOMO BASSI/EDT ©

est rapidement devenu le lieu de rendez-vous des Florentins, qui en apprécient l'atmosphère informelle, les excellentes sélections de bières et de cocktails, préparés avec maestria, et dont la liste s'allonge en permanence. Plus d'informations concernant la programmation (concerts et sets DJ) sur la page Facebook. (339 300 52 62 ; Via Panicale 7/R ; 18h-1h sam-mer, 18h-2h jeu-ven)

Mostodolce
BRASSERIE ARTISANALE

23 PLAN P. 110, B3

Cette joyeuse brasserie artisanale attire chaque soir une clique joliment mélangée d'amateurs de houblon de tout âge. Les bières – telle la Martellina, la plus appréciée (et la plus forte) – sont produites dans la fabrique de Prato. Les nappes en papier ornées de dessins des clients et l'ambiance insouciante caractérisent l'endroit. Si votre estomac gémit, la petite cuisine prépare aussi des hamburgers qui pourront l'apaiser. (055 230 29 28 ; www.mostodolce.it ; Via Nazionale 114/R ; 11h-2h)

Shopping

Dreoni
JOUETS

24 PLAN P. 110, F4

Ce labyrinthe de 1 000 m², en activité depuis 1923, propose toutes sortes de merveilles à même de ravir les enfants de 0 à 99 ans. Ici, foin d'électronique. Les jouets sont traditionnels et fonctionnent avec les doigts et l'imagination. Testez ceux qui vous plaisent le plus sur les quelques tables éparpillées dans le magasin. (055 21 66 11 ; www.dreoni.it ; Via Cavour 31/R ; 15h30-19h30 lun et 10h-19h30 mar-sam)

Falsi Gioielli
BIJOUTERIE

25 PLAN P. 110, E4

Toutes les couleurs de la Terre sont présentes dans cette minuscule boutique de bijoux artisanaux. Ici, sphères, cylindres, cercles et autres figures géométriques de Plexiglas sont assemblés pour créer des bijoux factices d'inspiration années 1980. Parfait pour qui cherche un cadeau original ou un souvenir de bon goût. (055 28 72 37 ; www.falsigioielli.it ; Via de' Ginori 34/R ; 10h30-19h30 lun-sam)

Melrose
MODE

26 PLAN P. 110, E5

Les vêtements rétro de ce magasin, entre vieilles planches, motos et selles de cow-boy, arrivent majoritairement des États-Unis : faites votre choix parmi les chemises hawaïennes, bottes, Converse, pantalons et vestes en jean. (055 267 00 30 ; Via de' Ginori 18/R ; 11h-20h lun-sam)

Mercato di San Lorenzo
MAROQUINERIE

27 PLAN P. 110, C4

Gai et coloré, ce bazar dédié à la maroquinerie occupe l'ensemble des rues autour de la Basilica di San

Lorenzo et du Mercato Centrale. Il propose des articles (sacs, valises, portefeuilles, chaussures, vestes) de qualité très variable et offre une agréable flânerie parmi les stands. N'espérez toutefois pas y trouver un souvenir sur mesure. (Via dell'Ariento, Via Sant'Antonino, Via Panicale ; 7h-14h lun-ven, 7h-17h sam)

Alberti Nuova

MUSIQUE

28 PLAN P. 110, D7

Depuis la fermeture définitive de l'historique boutique de vinyles Disco Mastelloni, sur la Piazza del Mercato, Alberti Nuova est le dernier magasin du quartier à offrir aux mélomanes des disques de qualité et des conseils éclairés. Outre les milliers de CD de jazz, de blues, de musique lyrique et de classique, il propose aussi des appareils électroniques. (055 29 42 71 ; Borgo San Lorenzo 45/R ; 9h-19h lun-sam)

UB

MEUBLES ET OBJETS VINTAGE

29 PLAN P. 110, C7

Les amateurs d'objets insolites exploreront longuement les pièces de cet élégant magasin de meubles et d'objets des années 1950 et 1960, plein à craquer de curiosités et d'articles design : fauteuils, lampes, mannequins, machines à écrire, affiches, boîtes et valises, sans oublier les incontournables enseignes d'antan. Notez le grand mur couvert de rouleaux de tapisserie vintage et ancienne, pour la plus grande joie des décorateurs professionnels

Les Potenze Festeggianti du Moyen Âge

À compter de la seconde moitié du XIVe siècle, et pendant les trois siècles qui suivirent, Florence fut gagnée par l'imagination des *Potenze Festeggianti*, ces associations chargées d'organiser spectacles, fêtes et autres événements dans leurs quartiers respectifs. Généreusement financées par le Palazzo Vecchio, qui avait tout intérêt à s'attirer les bonnes grâces du peuple, elles étaient emmenées par des chefs affublés de faux titres de noblesse. Ainsi la **Signoria della Graticola** (à San Lorenzo) avait son seigneur, l'**Impero di Prato** son empereur, et le **Ducato dello Scompiglio** son duc. Au fil du temps, les plus riches de ces associations contribuèrent également à l'embellissement de la cité – le **Reame di Betlemme**, notamment, finança le Tabernacolo delle Fonticine. Si, lors de vos balades, vous découvrez un curieux symbole sur un édifice ou une inscription saugrenue rappelant quelque rixe légendaire, pensez aux *Potenze Festeggianti* et à leurs rites iconoclastes.

GIACOMO BASSI/EDT ©

Le pub PanicAle, à côté du Mercato Centrale

et amateurs. (055 21 48 84 ; www.ubfirenze.it ; Via dei Conti 4/R ; 10h30-13h et 14h30-19h lun-sam)

Ricceri

CÉRAMIQUES

30 PLAN P. 110, C7

Les délicates céramiques d'Impruneta, près de Florence, sont réputées dans le monde entier. Produits au village, les articles de Ricceri sont exposés dans un petit magasin à deux pas des Cappelle Medicee. Les vases, pieds de lampe, plats et cruches apporteront une belle touche colorée à votre intérieur. (338 359 65 26 ; www.riccericeramica.com ; Via dei Conti 14/R ; 10h-13h et 14h-19h lun-sam)

Furò e Punteruolo

MAROQUINERIE

31 PLAN P. 110, A7

Il faut un certain culot pour ouvrir un atelier de maroquinerie dans ce quartier où les étals croulent déjà sous les articles en cuir. Paolo Fattori n'en manque pas. Aussi, si vous rêvez d'une ceinture sur mesure ou d'un sac à main rehaussé de teintes végétales, rendez-lui visite. (348 437 08 67 ; Via del Giglio 29/R ; 10h-19h30 lun-sam)

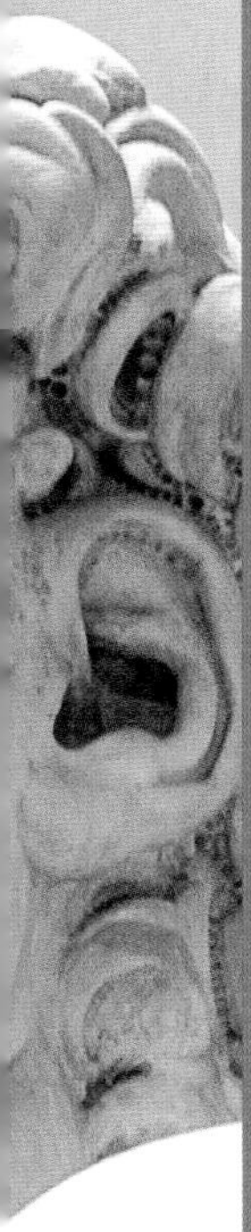

Explorer
San Marco

Centre névralgique de la vie universitaire de Florence, ce quartier est pourtant l'un des plus calmes du centre historique. Ses rues mènent à deux grands musées : la Galleria dell'Accademia qui abrite l'une des plus célèbres sculptures au monde, le David de Michel-Ange, *et le Museo di San Marco, dédié à Fra Angelico. Sans compter les jardins de l'Orto Botanico et le Museo degli Innocenti.*

Notre sélection

- ***Basilica et Museo Nazionale di San Marco (p. 129)*** *Les superbes fresques de Beato Angelico ornent les cellules du monastère de San Marco, transformées en riche et stimulant musée.*
- ***Galleria dell'Accademia (p. 131)*** *Elle abrite le plus célèbre des Florentins. Les élégantes salles regorgeant d'œuvres d'art de la Renaissance vous mèneront à lui, au* David de Michel-Ange*.*

Comment circuler

Consultez le site www.at-bus.it et l'application TABNET pour les lignes, les horaires et les billets.

Plan p. 128

Le *David* de Michel-Ange GURB101088/SHUTTERSTOCK ©

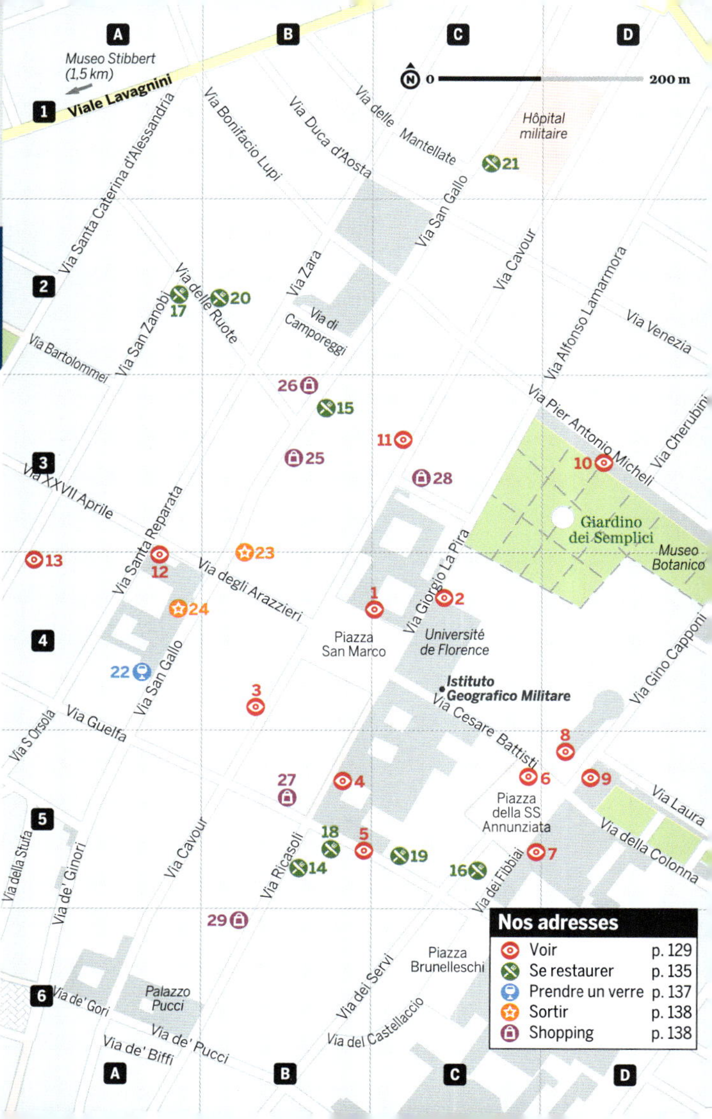
Museo Stibbert (1,5 km)
Viale Lavagnini
Via Santa Caterina d'Alessandria
Via Bonifacio Lupi
Via Duca d'Aosta
Via delle Mantellate
Hôpital militaire
Via San Gallo
Via Cavour
Via Zara
Via di Camporeggi
Via delle Ruote
Via San Zanobi
Via Bartolommei
Via Alfonso Lamarmora
Via Venezia
Via Pier Antonio Micheli
Via Cherubini
Via XXVII Aprile
Via Santa Reparata
Via degli Arazzieri
Giardino dei Semplici
Museo Botanico
Via Giorgio La Pira
Piazza San Marco
Université de Florence
Istituto Geografico Militare
Via Cesare Battisti
Via Gino Capponi
Via Guelfa
Via S Orsola
Piazza della SS Annunziata
Via Laura
Via della Colonna
Via della Stufa
Via de' Ginori
Via Ricasoli
Via dei Fibbiai
Via dei Servi
Piazza Brunelleschi
Via del Castellaccio
Palazzo Pucci
Via de' Gori
Via de' Pucci
Via de' Biffi
Nos adresses
Voir p. 129
Se restaurer p. 135
Prendre un verre p. 137
Sortir p. 138
Shopping p. 138
0 200 m

Voir

Basilica et Museo Nazionale di San Marco

ÉGLISE, MUSÉE

1 PLAN P. 128, B4

La **Basilica di San Marco** (055 239 69 50 ; Piazza San Marco 3 ; 10h-12h30 jeu-mar, 16h30-19h30 mer) arbore une imposante façade néoclassique, tandis que son intérieur baroque ne garde que quelques traces de son origine du XIVe siècle. À côté de l'église, se dresse le **Museo di San Marco**. Faites un tour de la basilique pour admirer sa contre-façade ornée de l'*Annonciation* de Jacopo di Cione et la **Cappella Salvati**, décorée par Alessandro Allori. Puis, pénétrez dans **l'ancien couvent dominicain** conçu par Michelozzo en 1437 et qui accueillit deux frères dominicains : Jérôme Savonarole (voir l'encadré p. 131) et Fra Angelico. Le premier ne jouit pas d'une très bonne réputation ; quant au second, ses peintures représentent le clou de la visite au musée. De l'élégant **Chiostro di Sant'Antonino** on accède à la **Sala dell'Ospizio**, qui abrite les peintures les plus significatives de l'artiste, parmi lesquelles la lumineuse *Déposition* (1432) et l'impressionnant *Jugement dernier* (1431). Passez ensuite par la **Sala del Capitolo**, où trônent une *Crucifixion* et la *Piagnona* (l'ancienne cloche de l'église, conçue par Donatello). Au rez-de-chaussée, d'autres salles sont ornées de fresques et de tableaux de Paolo Uccello et de Bartolomeo (cherchez son *Portrait de Savonarola*). Montez ensuite au 1er étage, où les fresques des couloirs et des cellules sont signées Fra Angelico. L'œuvre majeure du peintre, l'*Annonciation* (1440-1450), se trouve au sommet de l'escalier. Après avoir fait le tour des cellules, redescendez pour admirer le **Cenacolo del Ghirlandaio**, dans le **Refettorio Piccolo** (petit réfectoire). La *Cène* ressemble fort à celle que peignit l'artiste pour le couvent d'Ognissanti. (055 088 20 00 ; Piazza San Marco 3 ; tarif plein/réduit 8/2 € ; 8h15-13h50 lun-ven, dernière entrée 13h20 ; fermé les 1er, 3e, 5e dim du mois et les 2e et 4e lun du mois)

L'Istituto Geografico

Les passionnés de cartes, planisphères, livres anciens et mappemondes réserveront assez tôt une visite guidée à l'**Istituto Geografico Militare** (plan p. 128, C4 ; 055 273 22 29 ; www.igmi.org ; Via Cesare Battisti 10 ; 9h-13h lun-ven). Il s'agit de l'organisme qui actualise la cartographie nationale. L'imposante bibliothèque historique comprend plus de 400 000 documents grâce auxquels vous pourrez apprécier les changements de frontières, au cours des siècles, ainsi que les techniques de dessin des cartes.

Basilica di San Marco (p. 129)

Museo di Storia Naturale

MUSÉE

2 PLAN P. 128, C4

La **Section paléontologique** (tarif plein/réduit/famille 3/1,50/6,50 € ; 9h-13h mar et jeu, 13h-17h mer et ven, 10h-18h sam-dim) du Muséum d'histoire naturelle devrait réjouir les enfants avec les trois énormes pachydermes du paléolithique retrouvés dans la plaine du Valdarno, le squelette de l'ours préhistorique, le tigre aux crocs tranchants, les restes du lion des cavernes et les étranges herbivores qui y sont exposés. La **Section minéralogique** (fermée au moment de nos recherches, consultez le site Web www.msn.unifi.it pour les dernières informations) devrait également piquer leur curiosité. Pour visiter la **Section botanique**, qui comprend 4 millions d'exemplaires d'herbes, de plantes et de fleurs séchées, il faut prendre rendez-vous par téléphone. (055 275 64 44 ; www.msn.unifi.it ; Via La Pira 4)

Biblioteca Marucelliana

BIBLIOTHÈQUE

3 PLAN P. 128, B4

Abritant 40 000 volumes – parmi lesquels manuscrits, textes imprimés et incunables –, cette bibliothèque offerte à la ville par l'abbé Marucelli au XVIIIe siècle et inaugurée en 1752 comprend une imposante **salle de lecture**, aux murs entièrement recouverts d'étagères en bois gravé, et une **petite salle des expositions**, où sont présentés par roulement des volumes rares et précieux. (☎055 272 22 00 ; www.maru.firenze.sbn.it ; Via Cavour 43 ; 🕐8h30-18h lun-jeu et 8h30-14h ven)

Galleria dell'Accademia

MUSÉE

4 PLAN P. 128, B5

Une longue file d'attente s'étire devant ce musée créé à la fin du XVIIIe siècle pour abriter l'un des plus grands chefs-d'œuvre de la Renaissance : le *David* sculpté par Michel-Ange en 1504. Les détails subtils – les veines de ses bras nerveux, les muscles de ses jambes, l'expression changeante selon l'angle de vue – sont impressionnants. Érigé sur un piédestal, au bout de la **Galleria dei Prigioni**, il est précédé de statues inachevées de Michel-Ange, Les *Prigioni (Esclaves)*, qui auraient dû orner le monument funéraire du pape Jules II. Profitez de votre présence dans ce musée pour visiter également les autres salles moins bondées. Frayez-vous un chemin vers la **Sala del Colosso** et observez le modèle en terre cuite de *L'Enlèvement des Sabines* de Jean Bologne, l'imposante *Déposition de la Croix*, peinte en 1504-1507 commencée par Filippino Lippi et achevée par le Pérugin, la *Pala di Vallombrosa*, une *Assomption de la Vierge* que le maître de Raphaël peignit en 1500, ainsi que

Le bûcher des vanités

Les Florentins ne pouvaient pas lui pardonner. Quand, cette nuit-là, la cloche de l'église de San Marco retentit pour avertir la population que Jérôme Savonarole allait être arrêté pour hérésie, la *Piagnona* ("la pleureuse", la cloche de San Marco) devint le symbole de la scission de la population : les *piagnoni* étaient les disciples du frère tandis que les *palleschi* (de *palle*, en référence aux six boules du blason des Médicis) étaient dans le camp des Médicis. La cloche fut démontée, mise sur un chariot et fouettée à travers la ville.

Invité à Florence par Laurent le Magnifique, Savonarole était devenu prieur du couvent de San Marco en 1489. Prédicateur véhément, il s'insurgeait contre les fastes des Médicis et la cupidité du clergé. Il dirigea la dictature théocratique de Florence de 1494 à 1498. Le 7 février 1497, jour de Mardi gras, le dominicain organisa un bûcher des vanités, pour éliminer tous les livres, parements, bijoux et œuvres d'art (parmi lesquelles de nombreux tableaux de Botticelli) qu'il jugeait licencieux. Il fut excommunié et accusé d'hérésie. Il trouva la mort sur le bûcher, Piazza della Signoria, le 23 mai 1498. Et la *Piagnona* ne put rien pour lui...

la *Madonna del Mare (Madone de la Mer)* attribuée à Botticelli. La *Thébaïde* (1460) de Paolo Uccello, quant à elle, offre un paysage désolé dans une atmosphère tourmentée et une perspective désordonnée. Si le temps vous est compté, vous pouvez faire l'impasse sur la **Sala della Tribuna**, près du *David*, qui contient des œuvres maniéristes, et visiter les **Sale del Gotico Fiorentino** et les nombreux polyptyques brillants des élèves de Giotto. Enfin, le 1er étage abrite une extraordinaire **collection d'instruments de musique** (notamment un violon, une viole et un violoncelle du fameux Stradivarius). Avant d'observer de plus près les instruments, jetez un coup d'œil au *Cristo in pietà* (1400) du Maître de la Vierge Straus.

Éviter de faire la queue

Pour éviter de trop attendre à la Galleria dell'Accademia, vous pouvez soit réserver votre entrée sur le site Internet – avec un supplément de 4 € – en choisissant votre tranche horaire, soit profiter de l'ouverture prolongée du musée (jusqu'à 21h30 les jeudis en été). À partir de 20h, l'entrée est nettement plus fluide. Attention aux "guides" qui vous aborderont et vous proposeront d'entrer sans faire la queue : cela peut vous coûter de 20 € à 35 €.

(055 29 48 83 ; www.polomuseale.firenze.it ; Via Ricasoli 60 ; tarif plein/réduit 12/4 € ; 9h-18h45 mar-dim)

Opificio delle Pietre Dure

MUSÉE

5 PLAN P. 128, B4

Ouvert à la fin du XVIe siècle pour être l'atelier de décoration des Cappelle Medicee, la Manufacture des pierres dures (aujourd'hui l'un des instituts scientifique de restauration d'œuvres d'art les plus importants au monde) connut un tel succès que ses "tableaux de pierres" firent leur entrée dans les cours de différents pays d'Europe et chez les familles les plus aisées. Ce musée, qui abrite des dizaines de travaux de la manufacture, expose des meubles, objets de décoration, tables et plaques gravées en corail, lapis-lazuli, jade et autres pierres dures. Les fleurs, fruits, paysages champêtres et portraits sont ravissants. Au 1er étage sont exposés les outils des artisans. (055 265 11 ; www.opificiodellepietredure.it ; Via degli Alfani 78 ; tarif plein/réduit 4/2 € ; 8h15-14h lun-sam)

Piazza Santissima Annunziata

PLACE

6 PLAN P. 128, C5

Cette place s'ouvre comme un vaste espace scénique cerné par les arcades du Spedale degli Innocenti, de la **Loggia dei Servi di Maria** et de la Basilica della Santissima Annunziata. Au centre, le **monument équestre**

de Ferdinand Ier, réalisé par Jean Bologne et par Pietro Tacca en 1608, marque la distance entre les deux **fontaines aux monstres marins** en bronze, œuvre de Tacca, installées ici en 1641.

Museo degli Innocenti

MUSÉE

7 PLAN P. 128, C5

Derrière le portique du **Spedale degli Innocenti** (hôpital des Innocents), dessiné par Brunelleschi en 1421 – prototype de l'architecture Renaissance – se trouve le plus ancien orphelinat d'Europe, ouvert en 1445. Les médaillons en céramique émaillée figurant des nourrissons emmaillotés, signés Andrea Della Robbia (1435-1525), furent ajoutés par la suite. À l'extrémité nord du portique, la fausse porte abritait jadis une porte à tambour où l'on déposait les enfants non désirés. L'établissement accueille aujourd'hui le **Museo degli Innocenti**, émouvant parcours qui reconstitue la vie des petits "innocents" qui y vivaient. Au 3e étage, une petite **galerie** précieuse abrite ce qui reste de l'immense patrimoine artistique que possédait autrefois l'hôpital. Admirez la *Vierge à l'Enfant* de Botticelli et l'*Adoration des Mages* de Ghirlandaio (1485-1488). Montez ensuite sur la terrasse – qui était autrefois utilisée pour étendre le linge –, aujourd'hui siège du **Caffè del Verone** (347 928 79 87 ; 10h-21h mer-lun), accessible sans visiter le musée. (055 203 73 08 ; www.museodeglinnocenti.it ; Piazza

La restauration de *l'Adoration des Mages* a été faite par l'Opificio delle Pietre Dure

Santissima Annunziata 12 ; tarif plein/réduit/famille 8/6/10 € ; 11h-18h mer-lun)

Basilica della Santissima Annunziata

ÉGLISE

8 PLAN P. 128, D5

Construite au XIIIe siècle et modifiée plusieurs fois au fil du temps, la Basilica della Santissima Annunziata est un écrin baroque dont la façade fut conçue par Michelozzo au XVe siècle. Dans le **Chiostrino dei Voti**, sorte d'antichambre de l'église, on admire les lunettes décorées de fresques de Cosimo Rosselli, Rosso Fiorentino, Pontormo et André del Sarte. L'intérieur sombre, à plan basilical, est couvert d'un riche plafond en stuc doré, tandis que 12 chapelles ornent les parois. Dans la **Cappella dell'Assunta** se trouve l'*Assomption* du Pérugin tandis que la **Cappella di San Girolamo** abrite le somptueux *Jugement dernier* d'Alessandro Allori et la *Trinità e Santi* d'Andrea del Castagno. La **Cappella dell'Annunziata**, quant à elle, tire son nom de la fresque de l'*Annonciation* de Fra Bartolomeo. Derrière l'autel, conçu par Leon Battista Alberti en 1471, s'étend le grand **presbytère** de Michelozzo, une très originale **tribune circulaire** couronnée d'une coupole à neuf chapelles richement décorées. Ne partez pas sans avoir ouvert la petite porte à gauche de l'autel majeur, qui mène au **Chiostro dei Morti** orné de lunettes peintes. La *Madonna del Sacco* (1525) d'André del Sarte, sur la porte, est considérée comme son chef-d'œuvre. (055 26 61 81 ; annunziata.xoom.it ; Piazza Santissima Annunziata ; 7h30-12h30 et 16h-18h30 tlj)

Museo Archeologico Nazionale

MUSÉE

9 PLAN P. 128, D5

Le musée conserve de riches collections antiques dont une grande partie appartenait aux Médicis. Au 1er niveau, la collection d'antiquités égyptiennes est à gauche, et la section étrusque et gréco-romaine, plus modeste, à droite. Mais le clou est une surprenante statue étrusque en bronze du Ve siècle av. J.-C. La *Chimera di Arezzo* est une créature fantastique tenant du lion, du bouc et du serpent. Cette chimère vaut, à elle seule, le détour. (055 235 75 ; Piazza Santissima Annunziata 9 ; tarif plein/réduit 8/2 € ; 8h30-14h lun, mar et mer, 13h30-19h jeu-ven, 8h30-14h sam et 1er dim du mois. Dernière entrée 45 min avant la fermeture)

Orto Botanico

JARDIN

10 PLAN, P. 128, D3

Voulu par Côme Ier en 1545 pour en faire un espace où cultiver des plantes médicinales, ce jardin botanique comprend aujourd'hui un millier d'espèces végétales : un véritable joyau pour les spécialistes et pour les enfants, qui pourront se dégourdir les jambes autour des pelouses, du petit lac et le long des sentiers en étoile autour de la fontaine. Pendant ce temps, pénétrez dans les grandes serres à côté de l'entrée et promenez-vous sous les tonnelles. (☎055 275 67 99 ; www.sma.unifi.it ; Via Micheli 3 ; tarif plein/réduit 3/1,50 € ; ⏲10h-18h mar-dim, dernière entrée 17h)

Chiostro dello Scalzo CLOÎTRE

11 PLAN P. 128, C3

Ce ravissant petit cloître, qui appartenait à l'église de la Compagnia dei Disciplinati, abrite un précieux cycle de fresques illustrant l'histoire de saint Jean Baptiste, réalisé par André del Sarte entre 1509 et 1526. (☎055 536 56 40 ; Via Cavour 69 ; entrée libre ; ⏲fermé au moment de nos recherches, consultez le site www.polomusealetoscana.beniculturali.it)

Cenacolo di Sant'Apollonia RÉFECTOIRE PEINT

12 PLAN P. 128, A4

Le réfectoire de l'ancien couvent des sœurs de Sant'Apollonia possède une remarquable *Cène* peinte par Andrea del Castagno. (☎055 238 86 07 ; Via XXVII Aprile 1 ; entrée libre ; ⏲fermé pour restauration, consultez le site www.polomusealetoscana.beniculturali.it)

Fondazione Studio Marangoni ART CONTEMPORAIN

13 PLAN P. 128, A4

Cette école d'arts visuels fait aussi office de galerie et expose les travaux de photographes du monde entier ainsi que ceux de ses étudiants. Le salon blanc du rez-de-chaussée accueille souvent des expositions ou des conférences. (☎055 48 11 06 ; www.studiomarangoni.it ; Via San Zanobi 19/R ; entrée libre ; ⏲10h-15h lun-ven ou sur rdv)

Se restaurer

Carabè GLACES €

14 PLAN P. 128, B5

Héritier de trois générations de glaciers, Antonio Lisciandro est le patron de ce paradis des gourmands situé à quelques pas de la Galleria dell'Accademia. Les délices siciliens sont nombreux, mais la spécialité de la maison est la *granita* à tous les parfums, même si ses cônes valent aussi le détour. (☎055 28 94 76 ; Via Ricasoli 60/R ; ⏲12h-0h)

Pugi BOULANGERIE €

15 PLAN P. 128, B3

Depuis 1925, cette boulangerie concocte pains, pizzas, gâteaux et biscuits. Les *schiacciate* (fougasses florentines) garnies de fromage, charcuterie ou légumes sont fraîches et savoureuses, et les *pugine* (brioches aux fruits secs, à la crème et au sucre vanillé) sont divines. (☎055 28 09 81 ; www.fornopugi.it ; Piazza San Marco 9/B ; ⏲7h45-19h lun-sam)

Le "Couloir des Médicis"

Le Palazzo della Crocetta, siège de l'actuel Museo Archeologico Nazionale, était la demeure de Marie Madeleine de Médicis, fille du grand-duc Ferdinand. La chronique de l'époque la décrit comme ayant "les membres fragiles" à cause d'une des nombreuses maladies des os qui affligeaient les Médicis. La malheureuse ne sortait jamais et son seul "loisir" était d'assister à la messe de l'église Santissima Annunziata. Ne pouvant se mêler aux fidèles, elle se réfugiait derrière une fenêtre grillagée que l'on voit encore sur le flanc droit de l'église et qu'elle atteignait à travers un couloir surélevé qui relie le palais à l'église. Levez les yeux et vous la verrez.

Robiglio

PÂTISSERIE €

16 PLAN P. 128, C5

La pâte brisée de Robiglio fait le bonheur des Florentins depuis 1928. Goûtez la *torta campagnola* ou les *gallette al latte* et laissez-vous tenter par le *fruttodoro*, un petit gâteau au chocolat qui va émerveiller vos papilles. (055 21 27 84 ; Via dei Servi 112/R ; 7h30-20h lun-ven, 8h-20h sam-dim)

Caffè Rainer

PÂTISSERIE €

17 PLAN P. 128, A2

Au bout d'une rue secondaire et un peu anonyme du quartier, cette pâtisserie autrichienne renouvelle assez souvent l'assortiment de ses créations. Autrefois spécialisée en macarons et éclairs, elle défourne maintenant tous les matins une quantité impressionnante de croissants, parfois jusqu'à 20 variétés différentes. La Sachertorte, les strudels, les *tramezzini* et les formules salées de midi sont cependant des constantes, et lui attirent un grand nombre d'habitants et de travailleurs du quartier. (055 527 66 34 ; www.pasticceriaaustriaca.it ; Via San Zanobi 97/R ; 8h-15h30 lun-mar et jeu, 8h-19h ven, 9h-15h30 sam, 10h-15h30 dim)

Arà: è Sicilia

TRAITEUR €

18 PLAN P. 128, B5

Cette boutique, qui fleure bon la Sicile et propose les spécialités pâtissières de l'île, est parfaite pour un en-cas. C'est petit, on mange debout, mais tout est terriblement bon, et à des prix plus qu'honnêtes. (328 611 70 29 ; www.araesicilia.it ; Via degli Alfani 127/R ; repas à partir de 3 € ; 10h-21h30)

La Mescita

OSTERIA €

19 PLAN P. 128, B4

Ancien bar à vins reconverti en petit restaurant, La Mescita propose quelques plats frais et simples de la tradition toscane, comme la *ribollita* (soupe paysanne) et le *peposo* (bœuf au vin et au poivre). Rien de très original, mais le cadre est pittoresque et les prix sont modérés. (☎347 795 16 04 ; Via degli Alfani 70/R ; repas à partir de 8 € ; ⏰11h-16h)

Il Vegetariano

VÉGÉTARIEN **€**

20 PLAN P. 128, B2

Ce restaurant, qui se vante d'être le premier végétarien de Florence, propose un menu à base de soupes, légumes secs et légumes grillés. En été, le petit jardin est très agréable. (☎055 47 50 30 ; il-vegetariano.com ; Via delle Ruote 30/R ; repas 10-15 € ; ⏰12h30-14h30 lun, 12h30-14h30 et 19h30-22h30 mar-ven, 19h30-22h30 sam-dim)

Antica Trattoria da Tito

TRATTORIA **€/€€**

21 PLAN P. 128, C1

Ouverte en 1913, cette trattoria fait rimer bonne humeur avec bonne cuisine. Au menu : *taglieri* (plateaux de charcuterie et fromage), *crostini* (tartines grillées garnies), pâtes et *bistecca*. (☎055 47 24 75 ; www.trattoriadatito.it ; Via San Gallo 112/R ; repas 15-45 € ; ⏰12h-15h et 19h-23h)

Prendre un verre

Sit and Breakfast

CAFÉ LIBRAIRIE

22 PLAN P. 128, A4

Cette librairie équipée de tables de travail met de bonne humeur à tous les moments de la journée :

Le caffè del Verone sur la terrasse du Museo degli Innocenti (p. 133)

NP92/SHUTTERSTOCK ©

petit-déjeuner, déjeuner sur le pouce et apéritif. En été, la cour interne de ce havre de paix accueille des spectacles théâtraux et musicaux. (055 28 97 08 ; www.sitandbreakfast.com ; Via San Gallo 21/R ; 9h-20h lun-ven)

Sortir

Kitsch Deux

PUB

23 PLAN P. 128, B4

Un pub excentrique orné de divans et tabourets en fourrure synthétique et de grands lampadaires en verre. L'apéritif consiste en un buffet très copieux composé de couscous, pâtes, riz, légumes et autres gourmandises. Ambiance boîte de nuit à partir de 23h. (328 903 92 89 ; www.kitschfirenze.com ; Via San Gallo 22/R ; apéritif 10 € ; 18h-23h)

Le Museo Stibbert

Passionné de sabres, armures, casques et boucliers, ne manquez pas le **Museo Stibbert** (055 47 55 20 ; www.museostibbert.it ; Via Stibbert 26 ; tarif plein/réduit 8/6 € ; 10h-14h lun-mer et 10h-18h ven-dim) qui abrite la riche collection de l'entrepreneur anglais Frederick Stibbert établi en Italie au XIXe siècle. Divisé en trois sections (européenne, islamique et japonaise), le musée intéressera aussi les enfants.

La Polveriera

CENTRE CULTUREL

24 PLAN P. 128, A4

Depuis 2014, un groupe de jeunes Florentins a transformé avec enthousiasme les salles inutilisées du cloître de Sant'Apollonia en un espace culturel où sont organisés conférences, débats et projections. Le programme est très fourni et il y en a pour tous les goûts, du marché paysan à la soirée DJ, en passant par les concerts et présentations de livres. (Via Santa Reparata 12 ; lapolveriera.noblogs.org)

Shopping

L'Olandese Volante

PRODUITS HOLLANDAIS

25 PLAN P. 128, B3

Les amateurs de produits hollandais apprécieront ce magasin spécialisé proposant céramiques, fromages, chocolats, en passant par la charcuterie. (055 47 32 40 ; Via San Gallo 44/R ; 10h-13h15 et 15h45-19h45 lun-sam)

Dr. Vranjes

PARFUMERIE

26 PLAN P. 128, B3

Les parfums d'ambiance de Paolo Vranjes sont désormais connus dans le monde entier. Les fragrances *Rosso Nobile*, *il Giardino delle Rose* et *la Limonaia* sont les plus appréciées. Chaque emballage peut être personnalisé.

CARMELO DE LORENZO/SHUTTERSTOCK ©

Les serres de l'Orto Botanico (p. 134)

(055 49 45 37 ; www.drvranjes.it ; Via San Gallo 63/R ; 10h30-13h30 et 14h30-19h)

Libreria Alfani

LIBRAIRIE

27 PLAN P. 128, B5

Cette librairie spécialisée en romans, art, langues et essais inspirera les italophones qui trouveront là de quoi lire pendant l'attente devant la Galleria dell'Accademia. (055 239 88 00 ; www.librerialfani.it ; Via degli Alfani 84-86/R ; 9h-19h lun-ven, 9h-13h sam)

Paolo Vettori e Figli

LUTHIER

28 PLAN P. 128, C3

Si vous cherchez un violon, une viole ou un violoncelle, ou simplement pour le plaisir d'admirer des instruments raffinés et vendus dans le monde entier, sonnez à cette boutique. Dario, Lapo et Sofia Vettori ont appris le métier de leur grand-père et de leur père Paolo. (055 28 73 37 ; www.vettorifamily.com ; Via della Dogana 10 ; sur rendez-vous)

Scarpelli Mosaici

MOSAÏQUES

29 PLAN P. 128, B6

Une des rares familles florentines à avoir perpétué l'art subtil des mosaïques en pierres dures. Les Scarpelli créent de ravissants tableaux, bijoux, tables et objets d'ameublement sertis de minéraux très colorés. (055 21 25 87 ; www.scarpellimosaici.it ; Via Ricasoli 59/R ; 9h30-18h30 lun-ven et 9h30-13h sam hiver, 9h30-18h lun-sam)

Explorer
Santa Croce

À deux pas des plus grands musées de la ville, ce vieux quartier de Florence est pourtant à des lieues du grand maelström touristique. Dans les rues derrière la basilique vont et viennent d'authentiques Florentins, qui assument tous fièrement la transformation de leur quartier en épicentre de la vie nocturne et nouveau QG des hipsters.

Notre sélection

- ***Basilica di Santa Croce (p. 142)*** *Célèbre dans le monde entier, cette basilique du XIVe siècle, décorée par Giotto, a été transformée au fil des siècles en panthéon des gloires italiennes et a accueilli Michel-Ange, Galilée, Dante, Alfieri.*
- ***Synagogue et musée du Judaïsme (p. 144)*** *Avec sa coupole de cuivre que l'on voit partout en ville, le temple juif est l'un des lieux les plus suggestifs du quartier.*

Comment y aller et circuler

Consultez le site www.at-bus.it et l'application TABNET pour les lignes, les horaires et les billets.

Plan p. 148

La Basilica di Santa Croce VERYNZHSKIY IVAN/SHUTTERSTOCK ©

Les incontournables

Basilica di Santa Croce

L'intérieur austère de cette basilique franciscaine massive offre un contraste marqué avec son opulente façade néogothique en marbre polychrome. Si les visiteurs viennent surtout ici pour voir dans la nef les tombeaux de Michel-Ange, Galilée et Machiavel ou le cénotaphe de Dante, les pièces maîtresses de la basilique sont en réalité les fresques de Giotto et de son école, ainsi que l'exquise chapelle des Pazzi.

PLAN P. 148, C7

055 246 61 05

www.santacroceopera.it

Piazza Santa Croce

tarif plein/réduit 8/4 €

9h30-17h30 lun et mer-sam, 13h-17h30 dim

Les chapelles

L'édifice principal de la basilique comprend six chapelles ornées de fresques, les plus notables étant celles situées à droite de la Cappella Maggiore et du maître-autel. On doit la décoration de la **Cappella Bardi** et de la **Cappella Peruzzi** à Giotto (1317-1325), dont l'assistant et le plus fidèle disciple, Taddeo Gaddi, travailla, lui, dans la **Cappella Baroncelli** (1328-1338). Les fresques de la **Cappella Maggiore** (vers 1385) sont signées du fils de Taddeo, Agnolo.

La Sagrestia

Depuis les chapelles, un portail dessiné par Michelozzo ouvre sur un couloir qui donne accès à cette merveilleuse sacristie du XIVe siècle, dominée par une fresque de la Crucifixion signée Taddeo Gaddi. Elle renferme aussi plusieurs reliques de saint François d'Assise, dont sa bure et sa cordelière.

Museo dell'Opera di Santa Croce

On rejoint par le premier cloître le musée de la Basilique, qui possède notamment une *Crucifixion* de Cimabue, restaurée après les inondations de 1966, qui avaient submergé une bonne partie du quartier sous 4 m d'eau. Parmi les autres trésors du lieu, le bronze doré de Donatello *Saint Louis de Toulouse* (1424) provient de la façade d'Orsanmichele.

La Cappella dei Pazzi

Brunelleschi conçut cette chapelle à la veille de sa mort en 1446 et n'en vit jamais l'achèvement. Au fond du premier cloître, l'édifice est remarquable pour l'harmonie de ses proportions, mais aussi pour sa coupole centrale, décorée de céramiques vernissées de Luca Della Robbia – repérez les deux dauphins des armoiries du clan des Pazzi.

★ À savoir

- L'association **Ars et Fides** (☎055 276 37 57 ; www.arsetfides-firenze.it) organise des visites gratuites de la basilique aux horaires suivants : 10h-12h et 15h-17h.
- Depuis la librairie on accède à la **Scuola del Cuoio** (☎055 24 45 33 ; www.scuoladelcuoio.com ; Via San Giuseppe 5/R ; ⌚10h-18h lun-sam), une école de maroquinerie réputée où vous pourrez voir les artisans à l'œuvre et acheter des pièces uniques.

✕ Une petite faim ?

Au Mercato di Sant'Ambrogio, la **Trattoria da Rocco** (plan p. 148, F5 ; ☎339 838 45 55 ; www.trattoriadarocco.it ; Piazza Ghiberti ; repas à partir de 8 € ; ⌚11h-14h30 lun-sam) nourrit depuis toujours ceux qui travaillent dans le quartier. Cuisine simple, ingrédients frais, prix très abordables.

Les incontournables

Synagogue et musée du Judaïsme

Cette synagogue bâtie à la fin du XIXe siècle, dont l'extérieur ressemble à un palais des Mille et Une Nuits, *domine la ville de sa grande coupole verte qui semble vouloir rivaliser avec celle de Brunelleschi. Promenez-vous sous les palmiers géants de son jardin, couvrez-vous la tête et entrez : la pénombre et les décorations néo-byzantines vous projetteront très loin de la Renaissance.*

PLAN P. 148, E4

055 234 66 54

Via Farini 6

tarif plein/réduit 6,50/5 €

10h30-13h et 14h-17h dim-ven (la billetterie ferme 45 minutes avant)

Un chef-d'œuvre de style mauresque

Cet édifice éclectique de style mauresque, recouvert de travertin et de pierre rose, fut construit entre 1874 et 1882 selon un projet de Marco Treves, suite à un plan de requalification urbaine de la Piazza della Repubblica (p. 55) qui incluait la destruction totale du ghetto. Sa coupole monumentale en cuivre, flanquée de deux tourelles, se remarque où que l'on soit.

Entre vieille Europe et monde arabe

L'intérieur à plan centré, enrichi de sinueuses décorations mauresques, est ceinturé par des tribunes et éclairé par des lustres à sept branches sophistiqués.

La Torah et l'inondation de 1966

Au fond de la salle de prières, l'Arche sainte (*Aron qodesh*) qui renferme la Torah, le texte sacré, porte encore les marques de la profanation fasciste, quand la synagogue fut transformée en garage. Elle ne contient pas qu'une seule Torah, mais une cinquantaine, très précieuses, datant du XVIe au XIXe siècle. Avant les inondations de 1966, il y en avait davantage, mais la majeure partie des manuscrits furent détruits par la gigantesque crue. Ces rouleaux de la Thora "défunts" furent ensevelis au cimetière juif.

Le musée et la mémoire de la Shoah

Au 1er et au 2e étage de l'édifice, un musée reconstitue la vie de la communauté juive locale. On y trouve aussi des parements et des objets rituels. Une petite salle est dédiée à la mémoire de la Shoah, et, dans le jardin, une longue épigraphe cite les noms des Juifs florentins morts en camp de concentration nazi.

★ À savoir

- Le superbe jardin de la synagogue accueille certaines soirées de l'**Estate Fiorentina** (www.estatefiorentina.it).
- Si vous avez envie d'en savoir plus sur le judaïsme à Florence, sachez que la ville compte deux cimetières juifs. Ils sont rarement ouverts au public. Pour réserver une visite guidée, renseignez-vous à la synagogue.

Une petite faim ?

Près de la synagogue, vous pourrez savourer la cuisine juive locale chez **Ruth's** (plan p. 148, E4 ; ☎055 248 08 88 ; www.kosheruth.com ; Via Farini 2/A ; repas à partir de 10 € ; déj dim-ven, dîner sam-jeu). Pour un repas casher plus consistant avec de la viande en option, **Ba Ghetto** existe depuis 2021 (plan p. 148, E4 ; ☎055 230 25 67 ; www.baghetto.com ; Via Farini 5/R ; repas à partir de 16 €, menu 35-40 €).

Promenade à pied

Une soirée à Santa Croce

Si Santa Croce attire une foule de visiteurs le jour, le soir vous découvrirez un tout autre quartier, où les Florentins aiment fréquenter les boutiques, les restaurants et les bars.

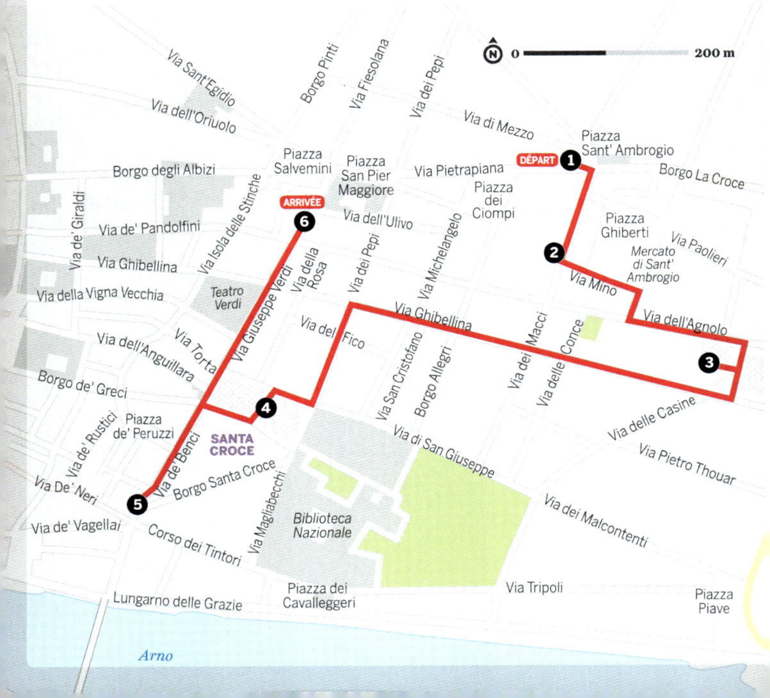

❶ Apéritif à Sant'Ambrogio

Commencez votre soirée sur la petite **Piazza Sant'Ambrogio**, où les jeunes aiment se retrouver. Les tables du **Caffè Sant'Ambrogio** (055 247 72 77 ; Piazza Sant'Ambrogio 7/R ; 9h30-3h) sont très agréables pour prendre un verre à l'heure de l'apéritif, avec quelques amuse-gueules.

❷ Pour un dîner léger

Pour une petite faim, rendez-vous chez **Malborghetto** (055 246 64 46 ; www.malborghettofirenze.it ; Via de' Macci 76/R ; pizzas 3,50-9 € ; 11h30-16h et 19h-23h30 lun-ven, 19h-23h30 sam), une petite pizzeria-bistrot avec four à bois.

❸ Le Murate : musique et théâtre

L'ancienne prison est devenue un lieu culturel : les Murate abritent aujourd'hui un stimulant centre d'art contemporain, le **MAD – Murate Art District** (www.murateartdistrict.it) ; le spendide **Caffè Letterario** (055 234 68 72 ; www.lemurate.it ; Piazza delle Murate ; 15h30-1h), dans la cour intérieure, fréquenté par des jeunes et des familles, est parfait pour une bière ou un verre de vin. Au printemps et en été, la scène en plein air accueille concerts, théâtre, lectures et conférences.

❹ Sur les marches de Santa Croce

Après avoir quitté Le Murate, direction l'Arno : au bout de la **Via Ghibellina,** tournez **Via dei Pepi** et vous revoilà face à la **basilica di Santa Croce** (p. 142). Les soirs d'été, cette place dominée par la statue de Dante se remplit d'habitants du quartier. Asseyez-vous sur les marches de l'église ou sur les bancs de la place, pour passer un moment chaleureux.

❺ Via de' Benci, la rue des bars

Pour découvrir les bars les plus animés de la nuit, rien de tel que la **Via de' Benci**. Parcourez-la du début jusqu'au **Ponte alle Grazie** puis optez pour celui qui vous tente le plus. En revenant sur vos pas, vous entrerez peut-être au **Moyo** (055 247 97 38 ; Via de' Benci 23/R ; 8h-3h), un bar lounge qui balance les derniers succès et sert des cocktails très élaborés. À moins que vous n'ayez choisi le **Soul Kitchen** (055 263 97 72 ; Via de' Benci 34/R ; 10h30-2h lun-dim), un bar légendaire pour ses apéritifs et qui, le soir, attire les couche-tard.

❻ Pour un dernier verre

Si vous n'êtes pas fatigué, vous pouvez finir la soirée au **Kikuya** (055 234 48 79 ; www.kikuyapub.com ; Via de' Benci 43/R ; 11h-2h lun-ven, 18h-2h sam-dim), un beau pub de style anglais.

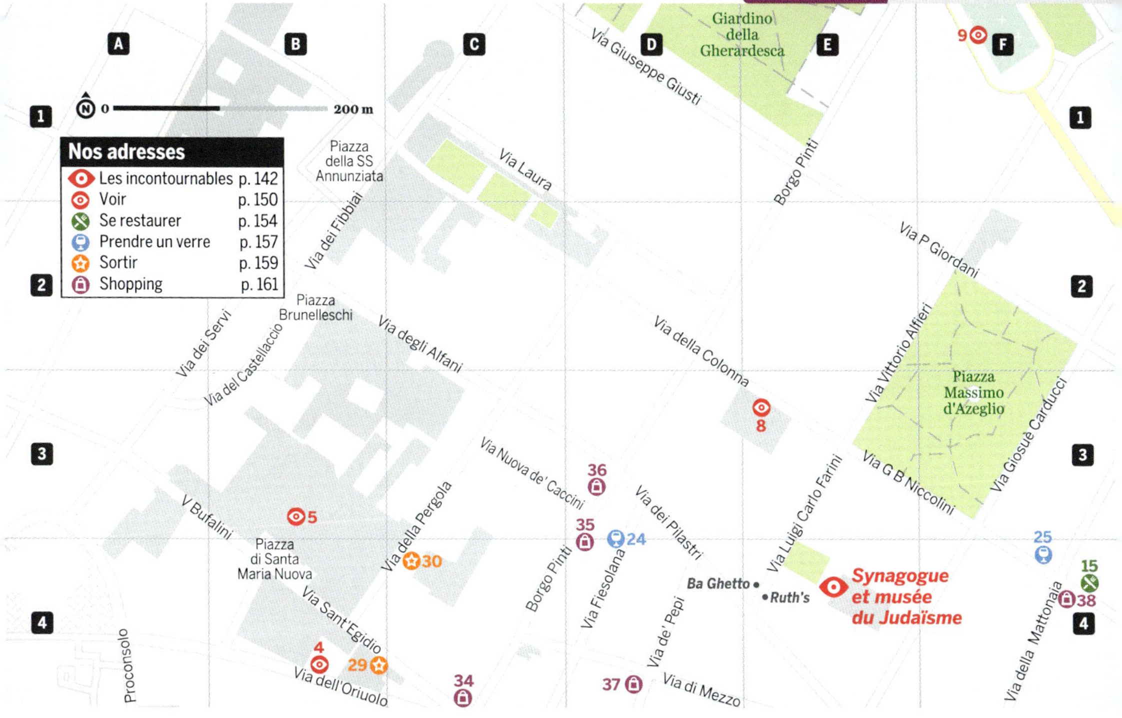
A
B
C
D
E
F
1
2
3
4
0
200 m
Nos adresses
Les incontournables p. 142
Voir p. 150
Se restaurer p. 154
Prendre un verre p. 157
Sortir p. 159
Shopping p. 161
Giardino della Gherardesca
Piazza della SS Annunziata
Piazza Brunelleschi
Piazza Massimo d'Azeglio
Piazza di Santa Maria Nuova
Via Giuseppe Giusti
Via Laura
Borgo Pinti
Via P Giordani
Via dei Fibbiai
Via dei Servi
Via del Castellaccio
Via degli Alfani
Via della Colonna
Via Vittorio Alfieri
Via Giosuè Carducci
Via G B Niccolini
Via Luigi Carlo Farini
Via Nuova de' Caccini
Via dei Pilastri
Via Fiesolana
Via de' Pepi
Via di Mezzo
Via della Mattonaia
Via della Pergola
V Bufalini
Via Sant'Egidio
Via dell'Oriuolo
Proconsolo
Ba Ghetto
Ruth's
Synagogue et musée du Judaïsme
4
5
8
9
15
24
25
29
30
34
35
36
37
38

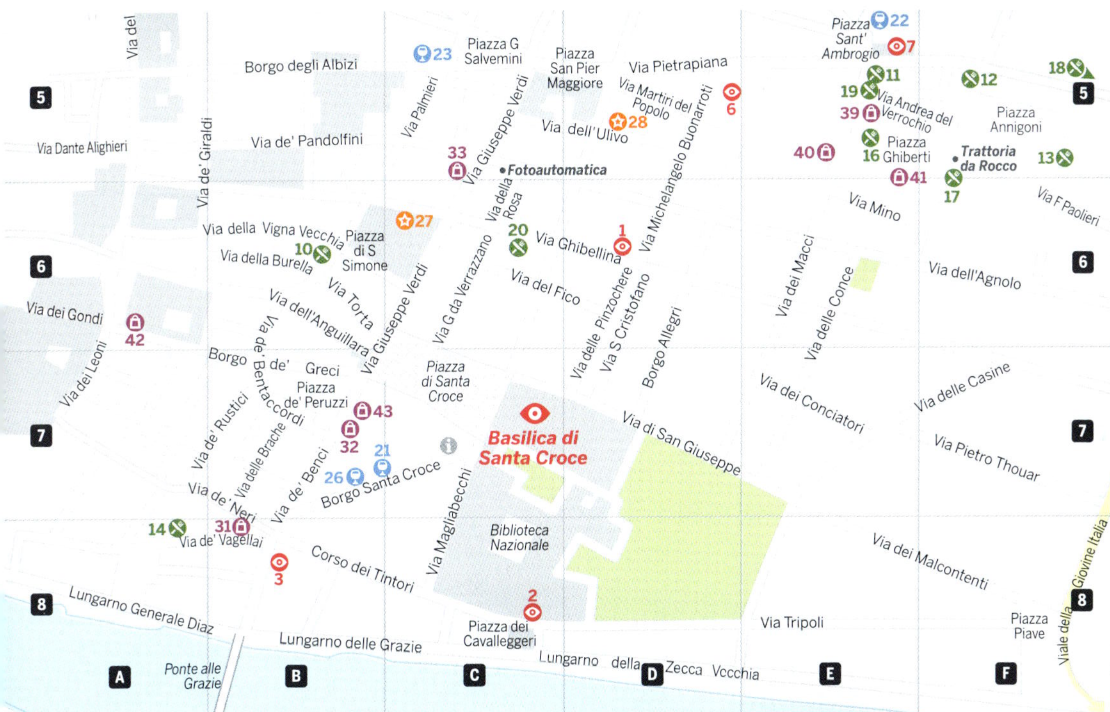

Piazza Sant' Ambrogio
Piazza G Salvemini
Piazza San Pier Maggiore
Borgo degli Albizi
Via Pietrapiana
Via Martiri del Popolo
Via dell'Ulivo
Via Michelangelo Buonarroti
Via Andrea del Verrochio
Piazza Annigoni
Piazza Ghiberti
Trattoria da Rocco
Via Dante Alighieri
Via de' Pandolfini
Via de' Giraldi
Via del
Via Palmieri
Via Giuseppe Verdi
Fotoautomatica
Via della Rosa
Via Mino
Via F Paolieri
Via della Vigna Vecchia
Piazza di S Simone
Via della Burella
Via Ghibellina
Via del Fico
Via dell'Agnolo
Via dei Macci
Via delle Conce
Via dei Gondi
Via dei Leoni
Via Torta
Via dell'Anguillara
Via G da Verrazzano
Via delle Pinzochere
Via S Cristofano
Borgo Allegri
Borgo de' Greci
Via de' Bentaccordi
Piazza de' Peruzzi
Piazza di Santa Croce
Via dei Conciatori
Via delle Casine
Via de' Rustici
Via delle Brache
Via de' Benci
Borgo Santa Croce
Basilica di Santa Croce
Via di San Giuseppe
Via Pietro Thouar
Via de' Neri
Via de' Vagellai
Via Magliabecchi
Biblioteca Nazionale
Corso dei Tintori
Via dei Malcontenti
Lungarno Generale Diaz
Ponte alle Grazie
Lungarno delle Grazie
Piazza dei Cavalleggeri
Lungarno della Zecca Vecchia
Via Tripoli
Piazza Piave
Viale della Giovine Italia

Voir

Casa Buonarroti MUSÉE

1 PLAN P. 148, D6

Michel-Ange ne vécut jamais dans la Casa Buonarroti ; ce sont ses héritiers qui édifièrent ce palazzo du XVIIe siècle à sa mémoire. À voir notamment dans ce petit musée, deux de ses plus grandes œuvres de jeunesse : le bas-relief d'une paisible *Vierge à l'escalier* (vers 1491) et la *Bataille des Centaures* inachevée (vers 1492). (055 24 17 52 ; www.casabuonarroti.it ; Via Ghibellina 70 ; tarif plein/réduit 8/5 € ; 10h-16h30 mer-lun)

Biblioteca Nazionale Centrale BIBLIOTHÈQUE

2 PLAN P. 148, B8

Cette immense bibliothèque érigée sur les rives de l'Arno ne manque pas d'intérêt. Curieux mélange d'architecture néoclassique à l'extérieur et rationaliste à l'intérieur, ce bâtiment inauguré en 1935 abrite environ 7 millions de livres. (055 24 91 91 ; Piazza dei Cavalleggeri 1 ; 8h15-19h lun-ven, 8h15-13h30 sam)

Museo Horne MUSÉE

3 PLAN P. 138, B8

De nombreux Britanniques excentriques s'installèrent à Florence au début du XXe siècle, dont Herbert Percy Horne, qui acheta et rénova ce palais Renaissance pour y installer sa collection éclectique de céramiques, d'œuvres d'art et de curiosités des XIVe et XVe siècles italiens. Le musée abrite des œuvres de maîtres tels que Giotto et Filippo Lippi, et de superbes pièces de mobilier. (055 24 46 61 ; www.museohorne.it ; Via de' Benci 6 ; tarif plein/réduit 7/5 € ; fermé au

Le Calcio Storico : grosse bagarre à Santa Croce

Cet événement très attendu qui enflamme jusqu'aux esprits les plus paisibles se déroule à la même période que la fête de la Saint-Jean, le 24 juin. Le tournoi du Calcio Storico Fiorentino, discipline née au XVe siècle, se déroule sur l'esplanade de la Basilica di Santa Croce. Les équipes des différents quartiers de la ville se mesurent sur plusieurs matchs qui sont à la croisée du rugby et du foot, mais se résument surtout à une sorte de bagarre générale où les coups de tête, de poing et de coude fusent. Deux équipes adverses de 27 gaillards en costume coloré s'affrontent pour marquer la *caccia* : mettre le ballon dans les filets. Remarquez la pierre de marbre scellée dans le mur au pied de la façade décorée de fresques du Palazzo dell'Antella, sur le flanc sud de la Piazza di Santa Croce : elle marque la ligne médiane de ce qui est l'un des plus vieux terrains de football du monde.

La Biblioteca Nazionale Centrale

moment de la rédaction de ce guide, consulter le site)

Complesso delle Oblate

BIBLIOTHÈQUE/MUSÉE

4 PLAN P. 148, B4

Ce bâtiment entouré d'un jardin luxuriant logeait autrefois les infirmières de l'hôpital Santa Maria Nuova ; aujourd'hui, il abrite une bibliothèque et le **Museo Fiorentino di Preistoria Paolo Graziosi** (055 29 51 59 ; www.museofiorentinopreistoria.it ; tarif plein/réduit 4,50/3,50 € ; 14h-18h30 lun, 9h30-12h30 et 15h30-18h30 mar et jeu, 9h30-12h30 mer, ven et sam, 10h-13h sam ; prévenir de votre venue par téléphone), qui conserve une riche collection de silex et de superbes vénus rémontant au paléolithique. Au dernier étage, la **Caffetteria delle Oblate** (055 0948429 ; www.facebook.com/caffetteria.delleoblate/ ; 14h-19h lun, 9h-0h mar-sam) est probablement l'un des établissements les plus étonnants et les moins connus du *rione* : il sert petits-déjeuners et apéritifs sur son agréable terrasse couverte, offrant une vue inédite sur la coupole de Brunelleschi. (Via dell'Oriuolo 24)

Ospedale di Santa Maria Nuova

HÔPITAL/MUSÉE

5 PLAN P. 148, B3

L'établissement, financé en 1288 par Folco Portinari (le père de la Béatrice de Dante), fut embelli et agrandi au fil des siècles par de prestigieux artistes florentins.

Pour y découvrir les chefs-d'œuvre qu'il renferme – la *Crucifixion* (1440) d'Andrea del Castagno, la *Consacrazione di sant'Egidio* (1415) de Bicci di Lorenzo, la porte du baptistère de la Chiesa di Sant'Egidio signé Lorenzo Ghiberti ou encore d'étranges reliquaires –, il vous faudra réserver une visite guidée. (055 693 83 74 ; www.fondazionesantamarianuova.it ; Piazza Santa Maria Nuova ; une offrande est demandée ; visites sur réservation)

Piazza dei Ciompi PLACE

6 PLACE P. 138, D5

Cette place, qui accueillait un charmant marché aux puces jusqu'à il y a peu, vaut le détour pour son élégante **Loggia del Pesce**. Soutenue par neuf arcs et décorée de médaillons en céramique représentant des poissons et des créatures marines, elle fut conçue par Vasari en 1567 pour le Mercato Vecchio de la Piazza della Repubblica avant d'être déplacée Piazza dei Ciompi en 1955.

Chiesa di Sant'Ambrogio ÉGLISE

7 PLAN P. 148, E5

Cette église du XIVe siècle recèle quelques pièces de grand intérêt, notamment des autels Renaissance conservant les traces de fresques attribuées à Orcagna et à Agnolo Gaddi, un tabernacle en marbre de Mino da Fiesole (qui repose ici avec Verrocchio) et un polyptyque de Lorenzo di Bicci représentant une *Vierge en majesté entourée de saints*. (055 24 01 04 ; Piazza Sant'Ambrogio ; 8h-12h et 16h-19h lun-dim)

Crucifixion du Pérugin FRESQUE

8 PLAN P. 148, E3

En 1495, le Pérugin fut chargé de réaliser une immense *Crucifixion* dans la salle capitulaire de l'ancien couvent Santa Maria Maddalena dei Pazzi, aujourd'hui rattaché à une école. Cette œuvre aux teintes claires et délicates se distingue par l'originalité de sa composition : les personnages s'inscrivent dans trois grandes arcades en plein cintre qui l'apparentent à un triptyque. (Via della Colonna 9 ; entrée libre ; 14h30-17h30 mar et durant la période scolaire ; fermée au moment de la rédaction de ce guide, consulter les dernières informations sur le site www.polomusealetoscana.beniculturali.it)

Cimitero degli Inglesi CIMETIÈRE

9 PLAN P. 148, E1

Situé le long des Viali di Circonvallazione (boulevard périphérique), ce cimetière œcuménique abrite les sépultures des ressortissants orthodoxes et protestants. Il fut fondé en 1828 sur un terrain acquis par la Suisse. En vous promenant parmi les tombes monumentales vous découvrirez celles des derniers descendants de Shakespeare ainsi que les sépultures d'un groupe d'écrivains et de poètes anglais qui, au XIXe siècle, choisirent de s'installer

Les crues de l'Arno : de 1333 aux Anges de la boue

Vu depuis les hauts murs qui l'encadrent, le cours de l'Arno est si paisible qu'il paraît immobile. Son apparence est trompeuse : quand on s'y attend le moins, il s'emballe, ses eaux montent, viennent lécher les digues et engloutissent les piles des ponts dans une furie destructrice. Quatre fois en mille ans l'Arno s'est déchaîné. Des dizaines de plaques dans la ville rappellent ces événements désastreux.

Le 4 novembre 1333, la première inondation

La première inondation dévastatrice dont on ait gardé trace remonte à 1333. Les détails sont connus grâce au récit qu'en fit un témoin oculaire, le chroniqueur Giovanni Villani. Le soir du 4 novembre, après des jours de pluie incessante, le fleuve brise les digues. Alors que les habitants se réfugient sur les toits, l'eau détruit les ponts et gagne tous les quartiers, atteignant 3 m de hauteur au Palazzo Vecchio.

Le 13 septembre 1557, l'eau détruit les fresques de Santa Croce

En 1557, l'eau refait une incursion en ville. Cette fois, la crue est si puissante qu'elle emporte des pâtés de maisons entiers et efface une bonne partie des fresques du XIVe siècle dans la Basilica di Santa Croce.

En 1844, le pont de San Niccolò cède et le fleuve envahit la ville

Si les fois précédentes, l'Arno avait rompu les digues tard dans la soirée, en 1844 c'est à l'aube qu'il déborde. Les débris du pont de San Niccolò, ravagé par les eaux, s'accumulent en aval et forment un bouchon empêchant le fleuve de s'écouler. Les rues de l'Oltarno sont aussitôt inondées ainsi que le reste de la ville.

Six cents ans après : les Anges de la boue

La dernière inondation, la plus terrible, a lieu le 4 novembre 1966. Il pleut depuis des jours, le fleuve est en crue, mais rien n'est fait pour empêcher la tragédie. À 4 heures du matin, l'Arno inonde les églises, pénètre dans les bibliothèques, engloutit les entrepôts de la galerie des Offices et les maisons, causant la mort de 34 personnes. Le fleuve reflue au bout de quatre jours, laissant derrière lui une ville ravagée et une épaisse couche de boue. Des centaines de jeunes volontaires venus de toute l'Europe s'échinent à la nettoyer et tentent de sauver le plus grand nombre possible de livres et d'œuvres d'art. On les a appelés les "Anges de la boue" (*gli Angeli del fango*).

Cimetière des Anglais

à Florence. (☎ Piazzale Donatello ; 🕒 9h-12h lun et 14h-17h mar-ven en été, 9h-12h lun et 15h-18h mar-ven hiver)

Se restaurer

Vivoli

GLACIER €

10 PLAN P. 148, B6

Affrontez avec courage l'inévitable file d'attente qui vous sépare de la coupelle de glace préparée par cette maison prestigieuse, en activité depuis les années 1930. Ici, les cornets sont bannis parce qu'ils altèrent la saveur des parfums. On y prépare également d'excellentes pâtisseries. (☎ 055 29 23 34 ; www.vivoli.it ; Via dell'Isola delle Stinche 7/R ; 🕒 8h30-18h mar-sam et 9h30-18h dim)

Tripperia Pollini

LAMPREDOTTO €

11 PLAN P. 148, E5

Mêlez-vous aux marchands du Mercato di Sant'Ambrogio et aux habitants du quartier pour un authentique sandwich au *lampredotto* ou une barquette de tripes dans cette échoppe historique que les Florentins continuent d'appeler "Il babbo e il figliolo" (le papa et le fiston). (☎ 334 778 23 50 ; Via de' Macci 126 ; repas 4,50 € ; 🕒 9h-15h lun-sam)

Il Giova

RESTAURANT €

12 PLAN P. 148, F5

Le Giova sert les incontournables de la cuisine toscane : *tortelli*, *tagliate*, etc., mais la spécialité est ici les *coccoli*, des beignets salés que les Florentins mangent comme en-cas à la mi-journée. (055 248 06 39 ; www.facebook.com/ilGiovafirenze ; Borgo la Croce 73/R ; repas 12-20 € ; 12h-15h et 19h-23h lun-sam, 10h-15h dernier dim du mois)

Largo 9 PIZZERIA/ BAR À COCKTAILS €/€€

13 PLAN P. 148, F5

Situé sur une place assez quelconque, cet établissement récent à l'atmosphère cosmopolite et un peu tendance, mi-pizzeria mi-bar à cocktails, est de ceux où il faut venir plusieurs fois, et qu'il faut voir évoluer. Outre les créations du pizzaiolo multi-récompensé Gabriele Dani (comme la pizza à la vapeur farcie au tartare de bœuf, crème à la truffe, œuf au poivre et roquette), les hamburgers, antipasti et salades se fraient une place au menu. Le tout est accompagné de bières artisanales ou des mixtures de Veronica Costantino, une des mixologues italiennes les plus prometteuses. (055 24 58 29 ; www.largo9.it ; Largo Annigoni 9/C ; repas 20-25 € ; 12h-15h et 18h-23h)

Brac LIBRAIRIE/ RESTAURANT VÉGAN €/€€

14 PLAN P. 148, A8

Les lecteurs insatiables trouveront ici quelque chose à se mettre sous la dent, au sens propre comme au figuré. Les deux salles de cette belle librairie et la petite cour intérieure qui les relie disposent en effet de quelques tables où l'on peut s'assoir et goûter la cuisine créative de Sasha, qui invente de délicieuses recettes végétariennes et véganes d'inspiration variée. Au menu, qui change régulièrement, des aumonières à base du pain sarde *carasau* ou des réinterprétations de plats indiens. (055 094 48 77 ; www.libreriabrac.net ; Via dei Vagellai 18/R ; plat unique 16 €, assiettes 10 € environ ; 12h-0h)

À deux pas du quartier

À une vingtaine de minutes de Santa Croce se trouvent deux lieux incontournables pour les amateurs d'art et de foot. Le réfectoire du **Convento di San Salvi** (055 064 94 89 ; Via di San Salvi 16 ; entrée libre ; 8h15-13h50 mar-dim) abrite une *Cène* (1520-1525) d'André del Sarte représentant Judas au côté du Christ. L'endroit vaut aussi le détour pour la fresque de Jacopo Pontormo et les belles toiles de Plautilla Nelli, sœur cloîtrée qui fut parmi les premières, et les plus douées, femmes peintres de la Renaissance (Vasari en tomba amoureux). Le **Museo del Calcio** (055 60 05 26 ; www.museodelcalcio.it ; Viale Palazzeschi 20, Coverciano ; tarif plein/réduit 9/5 € ; 9h-18h) de Coverciano (quartier au sud-est de Florence), situé dans le centre sportif de l'équipe nationale italienne, compte de nombreux objets célébrant les victoires des Azzurri.

Le stand de Pollini, pilier gastronomique de Santa Croce

Trattoria Cesarino

TRATTORIA **€/€€**

15 PLAN P. 148, F4

La déco rustique n'est pas la seule raison qui vous fera grimper la raide volée de marches qui mène dans l'antre de Cesarino, avec ses tonneaux, ses rangées de verres, ses tables en bois entourées de chaises colorées. Le menu varie tous les jours. La viande est à l'honneur, mais deux ou trois bons plats de poisson sont également proposés. (055 247 91 69 ; www.trattoriacesarino.it ; Via Niccolini 16/R ; repas 20-35 € ; 12h-15h et 19h-23h)

En

RESTAURANT **€/€€**

16 PLAN P. 148, E5

En, minuscule restaurant avec quelques tables en terrasse qui donnent sur le Mercato di Sant'Ambrogio, propose une cuisine japonaise familiale authentique. Faites un détour pour essayer les excellentes spécialités de la maison, de l'*inari zushi* (aumonières de tofu avec du riz assaisonné et des légumes) au *kara age* (un haut de cuisse de poulet désossé, mariné aux épices et frit). Le menu dégustation (23 €), élaboré par le cuisinier, est d'un excellent rapport qualité/prix. (392 363 8449 ; www.facebook.com/encucinacasalinga ; Piazza Ghiberti 26/R ; repas 15-25 € ; 12h-14h30 et 19h15-23h)

L'Ortone

TRATTORIA **€€**

17 PLAN P. 148, F6

La jeune équipe qui gère cette trattoria s'inspire de la cuisine régionale mais propose aussi risotto au pigeon, poulpe croustillant ou joue de bœuf accompagnée de polenta et de purée. L'été, on peut manger dehors ; le mardi, l'apéritif est accompagné d'un concert de jazz. (055 234 08 04 ; www.lortone.it ; Piazza Ghiberti 87/R ; repas 25-40 € ; 12h15-15h et 19h-23h)

Da l'Coco Filippo TRATTORIA €€

18 HORS PLAN P. 148, F5

Si les revendications animalistes ne sont pas votre priorité, cette trattoria à l'ancienne (imaginez une décoration dans un style veneur on ne peut plus classique) sert un menu carnivore aussi authentique que son chef, avec des plats de la tradition toscane préparés dans les règles de l'art : des *pappardelle* sur sauce au sanglier préparée *alla casentinese* (saucisse et vin rouge) au *Peposo dell'Impruneta* (sorte de bourguignon à l'ail et au poivre) en passant par le bifteck à la florentine. L'établissement est à la sortie du centre historique, après la Porta Santa Croce. (055 247 62 68 ; www.trattoriadaicocofilippo.com ; Viale Amendola 24/R ; repas 35 € ; 19h30-22h30 lun, 12h30-14h30 et 19h30-22h30 mar-sam)

Cibrèo RESTAURANT €€/€€€

19 PLAN P. 148, E5

Fabio Picchi, patron et chef du Cibrèo, a monté un petit empire gastronomique. À deux pas de ce restaurant élégant pour clientèle aisée, il a ouvert **Il Cibrèino** (055 234 11 00 ; Via de' Macci 122/R ; repas 20-30 € ; 12h30-14h30 et 19h-22h30 mar-dim) qui, comme son grand frère, propose une cuisine toscane pour les bourses plus modestes, le **Caffè Cibrèo** (055 234 58 53 ; Via del Verrocchio 5/R ; 9h-0h) et l'**Associazione Teatro del Sale** (055 200 14 92 ; Via de' Macci 111/R ; repas 15-30 € ; 19h30-23h jeu-sam, 12h-14h30 sam-dim), où les hôtes, après le repas, assistent à des concerts ou des pièces de théâtre. (055 234 11 00 ; Via del Verrocchio 8/R ; repas 40-80 € ; 12h50-14h30 et 19h-22h30 mar-sam)

Enoteca Pinchiorri RESTAURANT €€€

20 PLAN P. 148, C6

Vous comptiez vous offrir un dîner prestigieux pendant votre séjour ? La table de la Niçoise Annie Féolde, auréolée de trois étoiles au Michelin depuis plus de dix ans, pourrait vous convenir. Si l'on ajoute que le restaurant est installé dans un palais historique de la Via Ghibellina, vous comprendrez qu'il s'agit là d'une table d'exception. (055 24 27 57 ; www.enotecapinchiorri.com ; Via Ghibellina 87 ; repas 150-325 € ; 19h30-22h mar-sam)

Prendre un verre

Piccolo Caffè BAR

21 PLAN P. 148, B7

Vous reconnaîtrez ce bar gay-friendly ouvert depuis plus de 20 ans à la foule de tous âges qui bavarde ou fume devant ses portes, un verre à la main. À l'intérieur, on peut danser devant le comptoir où l'on sert des cocktails inventifs. (055 200 10 57 ; Borgo Santa Croce 23/R ; 20h-2h30 lun-sam)

Ditta Artigianale Carducci

BAR ET ACADÉMIE DE CAFÉ

22 PLAN P. 148, E5

Des salles coiffées de hautes voûtes, des espaces aérés et sobres avec des éléments de bois, de fer et d'étain, un cloître avec un jardin : il ne pouvait pas y avoir de lieu plus suggestif que l'ancien Convento di Sant'Ambrogio pour le nouveau royaume du café florentin, inauguré en 2021 par Ditta Artigianale, qui compte déjà deux autres établissements en ville. Mais indépendamment même de son emplacement, celui-ci est particulier : le bar voisine avec une académie du café. Quel que soit votre choix parmi la longue carte des boissons, vous goûterez un café de qualité, torréfié sur place et cultivé selon les principes du développement durable. L'établissement propose aussi des pâtisseries, des brunchs et, le soir, des cocktails. (055 936 74 19 ; www.dittaartigianale.it ; Via Carducci 2/R ; 8h30-0h)

The Lion's Fountain

PUB

23 PLAN P. 148, C5

Un grand pub toujours archi-bondé qui a la faveur des étudiants et d'une clientèle internationale. (055 234 44 12 ; www.thelionsfountain.com ; Borgo degli Albizi 34/R ; 11h-1h)

Le Cibrèo, à deux pas de la Piazza Sant'Ambrogio

Rex Cafè

BAR

24 PLAN P. 148, D4

Vous finirez vous aussi dans ce bar aux lumières tamisées, lieu phare des Florentins depuis des décennies. Les gens se pressent autour d'un comptoir en forme de proue de navire pour goûter aux délicieux cocktails ; on peut également se faire servir à table ou sur les grands divans rétro. (055 248 03 31 ; www.rexfirenze.com ; Via Fiesolana 25/R ; 18h30-3h)

Bistrot Cafè 19.26

BISTROT

25 PLAN P. 148, F4

Ambiance d'inspiration parisienne mêlée de réminiscences coloniales pour ce bistrot avec fresques au plafond, qui accueille souvent des concerts intimistes en acoustique. Si vous aimez le rhum vous êtes au bon endroit : une salle est consacrée à sa dégustation, avec plus de 380 variétés, à siroter accompagnées d'un carré de chocolat. (055 234 62 96 ; www.cafe1926firenze.com ; Via Niccolini 30/R ; 7h-23h lun-mer, 7h-1h jeu-sam)

Quelo Bar

BAR

26 PLAN P. 148, B7

Ce petit bar original et festif au nom étrange donne sur une rue piétonne. Agencé tout en longueur, il est rempli de meubles insolites comme un casque de salon de coiffure ou de grandes fenêtres d'une maison de maître apportées là quand le lieu était une galerie d'art. On y sert à boire et à manger (petit-déjeuner, déjeuner et apéritif) à une clientèle florentine et étrangère. (055 1999 14 74 ; www.facebook.com/quelobar.firenze ; Borgo Santa Croce 15/R ; 8h30-1h30 lun-ven, à partir de 18h sam)

Une photo (d'identité) souvenir

Tous les adolescents des années 1970 et 1980 ont échangé des baisers fougueux ou testé toutes sortes de grimaces dans un Photomaton ! Quatre cabines vintage vous attendent, cachées dans les rues de Florence (l'une Via Verdi) pour un voyage dans le temps. Partez à leur recherche ou bien rendez-vous sur **Fotoautomatica** (plan p. 148, C5 ; www.fotoautomatica.com). Pour 2 €, vous aurez quatre photos différentes en noir et blanc.

Sortir

Teatro Verdi

THÉÂTRE

27 PLAN P. 148, C6

De l'extérieur on dirait un ancien cinéma, mais ce théâtre est un bijou du XIXe siècle de 1 500 places qui, au fil des ans, est devenu une référence en

GIACOMO BASSI/EDT ©

Le Caffè delle Murate (p. 147)

matière de pièces de théâtre et de concerts de musique classique. (055 21 23 20 ; www.teatroverdionline.it ; Via Ghibellina 99 ; billetterie 10h-13h lun-ven)

Spazio Alfieri

CINÉMA THÉÂTRE

28 PLAN P. 148, D5

Jetez un coup d'œil à la programmation de cet espace culturel qui propose des projections, des rencontres, des débats sur le cinéma et des pièces de théâtre. On y mange aussi, grâce aux **Ragazzi di Sipario** (327 268 66 39 ; www.iragazzidisipario.it ; repas à partir de 7 € ; 12h30-14h30 et 19h-21h), une équipe de jeunes handicapés qui gèrent le bistrot. (055 532 08 40 ; www.spazioalfieri.it ; Via dell'Ulivo 6)

Crisco

CLUB

29 PLAN P. 148, B4

Temple des soirées gays florentines depuis les années 1990, le Crisco se remplit tous les week-ends de noctambules à la recherche de soirées transgressives. La nuit du mercredi, c'est *naked party*. Tout un programme... (055 24 40 80 ; Via Sant'Egidio 43/R ; 22h-4h dim-mer, 22h-6h jeu-dim)

Teatro della Pergola

THÉÂTRE

30 PLAN P. 148, C4

Ce théâtre fut inauguré au milieu du XVIIe siècle et revisité deux siècles plus tard en style néoclassique ; son élégance et son raffinement sont extrêmes. Ses fauteuils en velours rouge, les stucs du foyer, les trois rangées de balcons en fer à cheval et la grande loge renvoient aux temps où le grand-duc Côme III présidait les représentations en compagnie des personnalités les plus en vue de Florence. Actuellement, il propose une programmation théâtrale riche et pointue. (055 226 41 ; www.teatrodellapergola.com ; Via della Pergola 12/32)

Shopping

Contempo Records DISQUAIRE

31 PLAN P. 148, B8

Dans ce magasin débordant de milliers de vinyles, Giampiero Barlotti a lancé plein de groupes new wave sous le label Contempo. N'hésitez pas à engager la conversation avec lui : c'est une source d'anecdotes intarissable. (055 28 75 92 ; contemporecords.it ; Via dei Neri 15/R ; 10h-19h30 lun-sam, 15h30-19h30 dim)

Boutique Nadine CONCEPT STORE

32 PLAN P. 148, B7

Pas facile de trouver cette boutique qui donne sur le jardin d'une demeure nobiliaire de la Via de' Benci. Mais l'effort sera récompensé : vous découvrirez un lieu plein de cachet où se mêlent des créations originales de jeunes stylistes, d'incroyables vêtements vintage, des bijoux, des objets déco et des cosmétiques. (055 247 82 74 ; www.boutiquenadine.com ; Via de' Benci 32/R ; 10h-19h lun-sam, 12h-19h dim)

Filistrucchi MASQUES

33 PLAN P. 148, C5

À cette adresse exerçait au XVIIIe siècle un barbier qui officiait également comme perruquier, arracheur de dents, parfumeur et maquilleur. Aujourd'hui, on y trouve perruques, prothèses en latex, dents de vampire ou oreilles d'elfe... De quoi vous donner des idées pour le prochain carnaval. (055 234 49 01 ; www.filistrucchi.com ; Via Verdi 9 ; 15h-18h lun, 9h30-13h et 15h-18h mar-ven, 9h-12h30 sam)

Sbigoli CÉRAMIQUES

34 PLAN P. 148, C4

Cette boutique spécialisée dans les arts de la table et la décoration en céramique réalise de superbes assiettes, vases et surtouts façonnés, cuits et décorés dans l'atelier adjacent au magasin. (055 247 97 13 ; www.sbigoliterrecotte.it ; Via Sant'Egidio 4/R ; 9h30-13h et 14h30-19h30 lun-sam)

Mrs Macis MODE

35 PLAN P. 148, D4

Les pièces uniques de Carla Macis, styliste aussi talentueuse qu'excentrique, enchanteront les fashionistas. Ce petit showroom expose un assortiment de robes, chemises, jupes et pantalons inspirés des années 1950 et 1960.

GIACOMO BASSI/EDT ©

Contempo Records, le temple florentin des amateurs de musique

(055 247 67 00 ; Borgo Pinti 38/R ; 16h-19h lun-sam)

Pesci che Volano — MODE

36 PLAN P. 148, D3

Incontournable pour qui aime l'originalité, cette jolie boutique propose des bonnets de laine et plusieurs modèles de pulls artisanaux. Superbe collection de bijoux en bronze réalisés sous vos yeux. (055 532 60 70 ; Borgo Pinti 33/R ; 10h-13h et 15h30-19h lun-sam)

Fusion Boutique — VINTAGE

37 PLAN P. 148, D4

Véritable caverne d'Ali Baba, la boutique de Raffaella Risicato regorge d'objets rétro, de vêtements et de bijoux vintage, de mobilier et d'accessoires signés par des créateurs florentins. Un mur entier est consacré aux kimonos, pièces anciennes en soie. (329 312 63 79 ; www.facebook.com/fusionboutiquebyraffaella ; Via dei Pepi 59A/R ; 15h30-19h30 lun-sam)

Société Anonyme — MODE

38 PLAN P. 148, F4

Helmut Lang, Margiela, Comme des Garçons et Alexander McQueen sont quelques-unes des marques représentées dans cette boutique qui propose également une collection homme-femme produite sous son propre label. (055 386 00 84 ; www.societeanonyme.it ; Via Niccolini 3/F ; 15h30-19h30 lun, 11h-19h30 mar-sam)

Lisa Corti

TISSUS

39 PLAN P. 148, E5

Vous entrez dans un monde de fantaisie et de couleurs ! Lisa Corti dessine les coupes et les motifs, la plupart floraux, puis une équipe d'artisans indiens chevronnés les transpose sur tissu. Le résultat ? Des draps, des couvre-lits, des rideaux et des robes d'une beauté hors du commun. (055 439 97 19 ; www.lisacorti.com ; Piazza Ghiberti 33/R ; 10h-13h30 et 15h30-19h30 mar-sam, 15h30-19h30 lun)

Bacco Nudo

VIN AU DÉTAIL

40 PLAN P. 148, E5

Dans cette boutique minuscule, on vend le vin au détail et de bons crus d'huile d'olive toscane. C'est simple : on vient avec sa bouteille vide (vous pouvez aussi en acheter une sur place), on choisit parmi les propositions inscrites sur la grande ardoise, on paye et on déguste chez soi. (055 24 32 98 ; www.facebook.com/bacconudo ; Via de' Macci 59/R ; 9h-13h et 16h-20h lun-sam)

Mercato di Sant'Ambrogio

MARCHÉ

41 PLAN P. 148, E5

Dans ce marché de quartier animé, les Florentins viennent chercher les produits de la campagne toscane. Sous ses élégantes halles en fonte construites à la fin du XIXe siècle, on trouve bouchers, fromagers et charcutiers. À l'extérieur, c'est le domaine des fruits et légumes et de quelques fripiers. (www.mercatosantambrogio.it ; Piazza Ghiberti 45 ; 7h-14h lun-sam)

Signum

SOUVENIRS

42 PLAN P. 148, A6

Si vous cherchez des cadeaux originaux à petits prix, fouillez dans ce magasin spécialisé en articles de reliure en papier et cuir. Les cartes postales de Florence, à colorier (7,90 € le lot), ou celles en 3D faites à la main (5 €) sont d'un imbattable rapport qualité/place dans la valise. Deux autres points de vente en ville (à Lungarno Archibusieri 14/R et Via de Benci 29/R). (055 28 06 21 ; www.signumfirenze.it ; Borgo dei Greci 40/R ; 10h-18h)

Studioteca

MODE ET ACCESSOIRES

43 PLAN P. 148, B7

Né sur une idée d'un jeune Florentin passionné de voyages, Studioteca est un petit magasin où la confection toscane se mêle à des objets et articles de décoration de designers étrangers. Vous pourrez trouver à la fois un vêtement d'un styliste florentin et le porte-manteaux où l'accrocher, en forme de tête d'éléphant, fabriqué en Inde. (055 247 82 74 ; www.studiotecafirenze.com ; Via de' Benci 32/R ; 11h-19h mar-sam, à partir de 15h dim-lun)

Vaut le détour

Fiesole

Si proche de Florence qu'il semble en faire partie, le village de Fiesole, perché sur une colline plantée de cyprès, est un petit bijou balayé par de légères brises. Il offre de superbes vues sur la ville et la campagne environnante. Fondé par les Étrusques au IVe siècle av. J.-C. puis conquis par les Romains, il fut l'un des centres les plus florissants d'Étrurie. Promenez-vous dans ses ruelles escarpées à la découverte de ses splendeurs d'hier et d'aujourd'hui.

Comment y aller

Consultez le site www.at-bus.it et l'application TABNET pour les lignes, les horaires et les billets de bus.

Fiesole est à 7 km de Florence : prenez la Via Volta, puis la Via San Domenico.

Piazza Mino da Fiesole

Cette place élégante, ancien forum romain, sera votre première image de Fiesole. Elle compte de nombreux petits restaurants, glaciers et bars. À son extrémité est, sous le Palazzo Pretorio datant du XIVe siècle, se trouve un monument en bronze d'Oreste Calzolari figurant la *Rencontre de Teano* entre Victor-Emmanuel II et Garibaldi.

Chiesa di Santa Maria Primerana

Jouissant d'une position élevée à côté du Palazzo Pretorio, la **Chiesa di Santa Maria Primerana** (Piazza Mino da Fiesole 27 ; ☎ 055 594 00 ; ⏲ 10h-17h) a été construite au Xe siècle. Elle abrite deux bas-reliefs de Francesco da Sangallo, une *Crucifixion* en terre cuite émaillée réalisée par l'atelier d'Andrea Della Robbia, ainsi qu'une Croix peinte par l'école de Giotto (XIVe siècle).

La zone archéologique

Au nord-est du centre-ville, les vestiges de Faesulae, situés dans la vaste **Area Archeologica** (☎ 055 596 12 93 ; www.museidifiesole.it ; Via Duprè ; tarif plein/réduit/famille 7/5/- €, billet combiné avec le Museo Archeologico 10/6/20 €, combiné avec le Museo Bandini 12/8/24 € ; ⏲ horaires variables, consulter le site Web) feront le bonheur des passionnés d'histoire. Un escalier raide mène à la *cavea* du **théâtre romain**, dont 10 rangées de gradins sont encore bien conservées. Ce théâtre "à la grecque", c'est-à-dire creusé dans la colline, fait 34 m de large et pouvait accueillir 3 000 spectateurs environ. Depuis les gradins, le panorama sur la vallée est splendide. Dans les **Thermes**, bâtis au Ier siècle av. J.-C., on distingue encore les trois pièces principales (le *frigidarium*, le *tepidarium* et le *calidarium*), quelques vasques, et les arcades qui ornaient la terrasse. Les murailles étrusques du IVe siècle av. J.-C. vous guideront vers la zone sacrée,

★ À savoir

- L'**office du tourisme** (☎ 055 596 13 11 ; www.fiesoleforyou.it ; Via Portigiani 3 ; ⏲ consultez le site pour les horaires) vous fournira des dépliants et plans bien utiles.
- Consultez la programmation de l'**Estate Fiesolana** (www.estatefiesolana.it), bouillonnant festival de musique, théâtre et danse qui anime depuis 1947 les nuits tièdes de Fiesole.
- Si vous avez de bonnes jambes, louez un vélo pour explorer les environs. **Fiesolebike** (☎ 345 335 09 26) organise aussi des circuits avec guide.

✕ Une petite faim ?

L'osteria **Vinandro** (☎ 055 591 21 ; www.vinandro.it ; Piazza Mino da Fiesole 33 ; repas à partir de 15 € ; ⏲ 12h-14h30 et 19h-22h30 lun-ven, 12h-15h et 19h-22h30 sam-dim, lun fermé en hiver) sert de copieux repas midi et soir. Parfait aussi pour un apéritif en terrasse avant de rentrer à Florence.

où un temple se dressait autrefois. Construit en l'honneur de Minerve par les Étrusques, cet édifice à plan carré fut détruit en 90 av. J.-C. quand les Romains conquirent la ville. Rebâti en plus grand et agrémenté d'un escalier monumental, il fut ensuite dédié à Junon et Jupiter. En remontant vers l'entrée, vous trouverez le Musée archéologique, installé dans un imposant édifice néoclassique. Parmi des statuettes votives en bronze et des céramiques noires typiques des Étrusques, les *buccheri*, figure la pièce maîtresse : une louve capitoline en bronze du Ier siècle av. J.-C.

Le Museo Bandini

Ce ravissant **musée** (✆055 596 12 93 ; www.museidifiesole.it ; Via Duprè ; tarif plein/réduit/famille zone archéologique, Museo Archeologico et Museo Bandini 12/8/24 €, zone archéologique et Museo Archeologico 10/6/20 €, zone archéologique 7/5/- €, Museo Bandini 5/3/- € ; ⌚horaires variables, consulter le site www.museifiesole.it) créé par le chanoine Angelo Maria Bandini à la fin du XVIIIe siècle se trouve à côté de l'entrée de la zone archéologique. Il abrite une collection intéressante de peintures sur panneaux des XIIIe et XIVe siècles et différentes œuvres en terre cuite émaillée produites par l'atelier d'Andrea Della Robbia. On peut y voir une *Annonciation* de Taddeo Gaddi, une *Madonna del Parto* de Nardo di Cione et une charmante *Vierge à l'Enfant* en bois attribuée à Brunelleschi.

La Cattedrale di San Romolo

En revenant vers la place, vous longerez la **Cattedrale di San Romolo** (✆055 594 00 ; Piazza Mino da Fiesole 27 ; ⌚7h30-17h, 7h30-18h en été) édifiée au XIIIe siècle. Sur le mur extérieur de la crypte, on peut voir des fresques représentant saint Laurent et saint Sébastien exécutées par l'atelier du Pérugin. En montant au presbytère, sous la coupole illustrée des *Histoires de saint Romule*, admirez le triptyque lumineux de Bicci di Lorenzo. À droite de l'autel, la **Cappella Salutati**, ornée par Cosimo Rosselli, abrite le monument funéraire de l'évêque Salutati, sculpté par Mino da Fiesole.

La Cappella di San Jacopo

Le **Palazzo Vescovile**, qui donne sur le parvis de la cathédrale, abrite la **Cappella di San Jacopo** (✆055 596 12 93 ; Via San Francesco 3 ; ⌚à l'occasion d'événements spéciaux), peinte à fresque par Bicci di Lorenzo en 1440. Hormis le *Couronnement de la Vierge*, elle contient une riche collection d'orfèvrerie liturgique.

La Chiesa di San Francesco

Ne vous laissez pas décourager par la ruelle pentue qui grimpe en haut de la colline : à mi-chemin, un balcon panoramique vous attend, avec un banc sous un chêne. Quand vous aurez repris votre souffle en admirant Florence déployée à vos pieds, reprenez l'ascension jusqu'à la **Chiesa di San Francesco** (✆055 591 75 ; Via San Francesco 13 ; ⌚7h-19h30

Montée au couvent de San Francesco

automne-hiver, 7h-20h printemps-été), bâtie à l'emplacement de l'ancienne forteresse étrusque. Dans la pénombre du temple, vous pourrez admirer une *Immaculée Conception* de Piero di Cosimo, ainsi qu'une *Annonciation* de Raffaellino del Garbo. Depuis le cloître du XIVe siècle, on descend au **Museo Missionario Francescano**, qui conserve une petite collection d'objets égyptiens et chinois.

La Badia Fiesolana

Hors du centre, découvrez la **Badia Fiesolana** (Via dei Roccettini 9 ; 9h-17h lun-ven automne-hiver, 9h-18h printemps-été), l'ancienne cathédrale de la ville. L'intérieur, restauré dans la seconde moitié du XVe siècle à la demande de Côme de Médicis, est assez dépouillé. En revanche, la partie inférieure de la façade est spectaculaire avec ses jeux de marbre bicolore, typiques de l'art roman florentin, qui reprennent les motifs de la Basilica di San Miniato al Monte. Que les amateurs d'architecture Renaissance ne ratent surtout pas le couvent situé à l'arrière : Brunelleschi et Michelozzo y travaillèrent.

Explorer

Pitti, Santo Spirito et l'Oltrarno

Sur l'autre rive de l'Arno, Florence change de visage : la ville devient plus verte et aérée, les boutiques de mode cèdent la place aux ateliers d'artisan, et les élégants cafés du XIXe siècle disparaissent au profit de bars et de boîtes animés où s'amuser jusqu'à une heure tardive. Pour autant, il s'agit toujours du berceau de la Renaissance, comme en témoignent la Basilica di Santo Spirito et le Palazzo Pitti.

Notre sélection

- ***Palazzo Pitti et Giardino di Boboli (p. 170)*** *Le plus grand palais de la ville abrite une impressionnante collection d'art et est entouré d'un jardin paradisiaque.*
- ***Museo della Specola (p. 174)*** *Le règne animal dans son intégralité, présenté derrière les grandes vitrines de ce labyrinthique muséum d'histoire naturelle, qui ravira petits et grands.*

Comment y aller et circuler

Consultez le site www.at-bus.it et l'application TABNET pour les lignes, les horaires et les billets.

Plan p. 178

Les places de l'Oltrarno sont toujours agréablement animées.
CHRISTIAN MUELLER/SHUTTERSTOCK ©

Les incontournables

Palazzo Pitti et Giardino di Boboli

Le riche banquier Luca Pitti chargea Brunelleschi de concevoir cet immense palais en 1448. Hélas, l'édifice était à peine terminé qu'un revers de fortune contraignit la famille à le revendre à ses éternels rivaux, les Médicis. Lorsque Florence devint la capitale du jeune royaume d'Italie en 1865, il fut consacré résidence de la maison de Savoie, laquelle en fit don à l'État en 1919. Il abrite aujourd'hui une remarquable collection d'art et trois musées.

PLAN P. 178, E5

055 29 48 83

Piazza de' Pitti 1

tarif plein/réduit 16/2 €

horaires variables

Galerie Palatine

La **Galleria Palatina** (🕒13h30-18h50 mar-dim, réservation nécessaire sam et jours fériés), principale curiosité du palais, renferme une extraordinaire collection d'art du XVIe au XVIIIe siècle, amassée par les ducs de Médicis et de Lorraine. La disposition des tableaux, serrés les uns contre les autres sans ordre chronologique mais selon des critères thématiques et décoratifs, a été conservée. Parmi eux figurent des œuvres de maîtres de la Renaissance italienne comme Botticelli, Raphaël, le Caravage et Giorgione, mais il faut un regard attentif pour s'orienter.

Pontormo, Filippo Lippi et Botticelli

Le parcours débute par le **Quartiere del Volterrano**, avec des peintures du XVIIe au XIXe siècle. Vient ensuite la **Sala di Prometeo**, qui recèle la *Vierge à l'Enfant et scènes de la vie de sainte Anne* (tondo Bartolini, 1452-1453) de Filippo Lippi, l'*Adoration des Mages* (1523) du Pontormo et la sombre *Vierge à l'Enfant avec le jeune saint Jean Baptiste* (v. 1490-1495) de Botticelli.

De Titien au Caravage

Un peu plus loin, la **Sala dell'Educazione di Giove** abrite *L'Amour endormi* (1608) du Caravage. Pour la rejoindre, vous passerez d'abord devant le *Ritratto di Vincenzo Mosti* (v. 1520) de Titien, dans la **Sala della Giustizia**, la rêveuse et délicate *Marie Madeleine* (v. 1500) du Pérugin, dans la **Sala di Flora**, et les *Trois Grâces* (1639) de Rubens, dans la **Sala dei Putti**.

Sala dell'Iliade

Si la *Judith décapitant Holopherne* de la **galerie des Offices** vous a frappé, découvrez la suite de l'épisode biblique dans la **Sala dell'Iliade** où se trouve *Judith et sa servante* (v. 1612-1613). Cet autre tableau impressionnant d'Artemisia

★ À savoir

- L'été, pour votre visite du Giardino di Boboli, munissez-vous d'eau en quantité suffisante et d'un spray anti-moustiques. Au coucher du soleil, ces insectes sont réellement gênants.
- Pour éviter les files d'attente, vous pouvez réserver votre billet sur le site (supplément 3 €).

✕ Une petite faim ?

Juste devant le Palazzo Pitti, le **Ristorante Caffè Pitti** (plan p. 178, D5 ; ☎055 239 98 63 ; www.caffepitti.it ; Piazza de' Pitti 9 ; repas à partir de 25 € ; 🕒12h-0h) propose des spécialités à base de truffe. La **Botteghina** voisine, tenue par les mêmes propriétaires, prépare d'excellents sandwichs garnis de produits locaux.

Gentileschi montre les deux femmes après leur forfait, portant la tête du général dans un panier. La même salle contient la sereine *Gravida* (1505-1506) de Raphaël, l'*Assomption Panciatichi* (1522) et l'*Assomption Passerini* (1526) d'André del Sarte ainsi que des portraits de Titien.

Chefs-d'œuvre de Raphaël

Avant d'atteindre la **Sala di Giove**, où la *Dame voilée* (v. 1516) de Raphaël fait face aux *Trois Âges de l'homme* (1500-1505) de Giorgione, le plus énigmatique des peintres vénitiens du Cinquecento, vous traverserez la **Sala di Saturno**, qui expose diverses œuvres du génie d'Urbin. La célèbre *Vierge à la chaise* (v. 1513-1514) y côtoie la *Madone au baldaquin* (v. 1507) inachevée, les portraits d'Agnolo et de Maddalena Doni (1506) et la *Vision d'Ézéchiel* (1518). Ne partez pas non plus sans avoir admiré la *Complainte sur le Christ mort* (v. 1495) et la *Vierge au sac* (1495-1500) du Pérugin, de même que le *Saint Jérôme* (v. 1495) de Verrocchio.

Dernières salles

La fin de la visite réserve encore quelques surprises. Citons en particulier, dans la **Sala di Marte**, les *Conséquences de la guerre* (1637-1638), une peinture allégorique inspirée à Rubens par ses missions diplomatiques. Vénus, le personnage central, cherche en vain à retenir Mars, son amant belliqueux, tandis qu'Europe lève les bras au ciel et que les Arts et la Charité sont piétinés.

Galleria d'Arte Moderna

Au 2e étage du palais, les 30 salles beaucoup moins denses de la **galerie d'Art moderne** (13h30-18h50 mar-dim, sur réservation sam et jours fériés) offrent un panorama plutôt exhaustif de la peinture et de la sculpture italiennes du XVIIIe au début du XXe siècle. D'immenses toiles de Giovanni Fattori (1825-1908), l'un des plus célèbres représentants du mouvement des *macchiaioli* ("tachistes"), équivalents italiens des impressionnistes, voisinent avec les visions futuristes de Giacomo Balla (1871-1958) et Filippo Tommaso Marinetti (1876-1944), la douce *Calliope* d'Antonio Canova (1757-1822), et les œuvres romantico-historiques de Francesco Hayez (1791-1882).

La Galleria del Costume

Outre de splendides robes de bal du XVIIIe siècle et des modèles de stylistes du XXe siècle comme Armani, Valentino et Yves Saint Laurent, le **Museo della Moda e del Costume** (fermé au moment de l'écriture de ce guide), dans la Palazzina della Meridiana, expose les atours funèbres de Côme Ier, Éléonore de Tolède et de leur fils Don Garzia.

Tesoro dei Granduchi

Dans la mezzanine du palais, le fabuleux **Trésor des Grands-ducs** (8h15-16h30 lun-dim nov-fév, 8h15-17h30 mars et oct, 8h15-18h30 avr-mai et sept, 8h15-18h50 juin-août, fermé 1er et dernier lun du mois) donne la possibilité de visiter les appartements d'été des Médicis, magnifiquement recouverts de fresques en 1637 à l'occasion du mariage de Ferdinand II et Vittoria della Rovere. Les vitrines blindées conservent, entre autres, des vases en pierre dure, des porcelaines, des bijoux et de précieux camées du XVIIIe siècle.

Les appartements impériaux et royaux

Au XVIIIe siècle, les 14 salles du premier étage de l'aile droite du palais ont abrité les appartements privés de Ferdinand de Médicis. Rénovées et transformées au XIXe siècle pour accueillir les grands-ducs de la maison de Lorraine, elles devinrent en 1865 la demeure des Savoie, pendant la période à laquelle Florence fut la capitale de l'Italie. Meublées avec des éléments provenant des propriétés privées des familles qui y vécurent, elles constituent un plongeon inoubliable dans le faste et la richesse de la plus grande noblesse de la Péninsule.

Giardino di Boboli

Conçu au milieu du XVIe siècle d'après les dessins de l'architecte Niccolò Tribolo, cet immense **jardin** (8h15-16h30 lun-dim nov-fév, 8h15-17h30 mars et oct, 8h15-18h30 avr-mai et sept-oct, 8h15-19h juin-août, fermé 1er et dernier lun du mois) à l'italienne invite à une promenade relaxante après le marathon des musées. Plan en main, cherchez la **Grotta del Buontalenti**, la **Fontana del Bacchino**, avec le nain de cour Morgante à cheval sur une tortue, la **Kaffeehaus** de style rococo et la grande **Fontana dell'Oceano**. Vous découvrirez des statues, des allées ombragées, de vastes pelouses et même un **obélisque** égyptien au centre d'un **amphithéâtre**. Tout en haut, sur la butte dont la vue embrasse le Palazzo Pitti et les douces collines alentour, le **musée des Porcelaines** (mêmes horaires que le jardin) présente la riche vaisselle utilisée par les anciens résidents du palais.

Le Kaffeehaus

Les incontournables

Museo della Specola

Le plus ancien muséum d'histoire naturelle d'Europe, fondé en 1775 par le grand-duc Léopold Ier de Toscane, constitue un formidable voyage scientifique. Il contient des milliers d'animaux naturalisés et, surtout, une fantastique collection de cires anatomiques du XVIIIe siècle d'un réalisme étonnant.

PLAN P. 178, C5

055 275 64 44

Via Romana 17

tarif plein/réduit 6/3 €

fermé pour restauration. Consulter le site www.sma.unifi.it

Animaux

L'incroyable **section zoologique** compte quelque 5 000 exemplaires d'animaux naturalisés, parmi lesquels un hippopotame qui vécut quelques années dans le jardin de Boboli. Le parcours commence par les invertébrés et s'achève par les poissons, avec entre les deux toutes les formes de vie terrestre.

Cires anatomiques

Les 1 400 **modèles anatomiques** en cire réalisés par Clemente Susini à partir de 1771 forment le fleuron un peu macabre du musée. Jadis destinés aux étudiants en médecine, ils reproduisent fidèlement les organes, les muscles, les nerfs et le système vasculaire du corps humain.

Salone degli Scheletri

La **collection de squelettes** dont ceux, impressionnants, d'un éléphant, d'une girafe et d'une baleine à bosse, occupe le rez-de-chaussée.

Tribuna di Galileo

Cet élégant **salon néoclassique**, où trône la statue de Galilée, fut construit en 1841 pour le 3e Congrès des savants italiens. Les lunettes s'ornent de fresques illustrant des étapes fondamentales du progrès scientifique.

Specola

La **tour** qui surmonte l'édifice est la fameuse *specola*, dont le musée tire son nom. Il s'agit d'un observatoire astronomique doté d'un grand télescope du XIXe siècle, d'où l'on jouit d'une vue à 360° sur la ville. Une niche conserve l'*Erbario Cesalpino* (1555-1563), le plus vieil herbier du monde.

★ À savoir

- Le billet plein tarif du Museo della Specola permet de visiter le Museo Galileo à tarif réduit et vice versa.
- La Tribuna di Galileo, le Torrino della Specola et le Salone degli Scheletri sont visibles uniquement sur réservation.
- Attention, la galerie anatomique peut impressionner les enfants et les âmes sensibles.

Une petite faim ?

Mame (plan p. 178, B5 ; ☎338 322 69 11 ; www.facebook.com/mamestreetfood ; Via dei Serragli 114/R ; repas à partir de 4 € ; 11h-16h lun-sam) **prépare des sandwichs au pain pita et autres savoureuses spécialités grecques à manger debout sur place ou à emporter.**

Promenade à pied

La crème des artisans

Les artisans les plus talentueux de Florence ont leur botteghe *dans les ruelles de l'Oltrarno. Laissez-vous tenter par les créations originales des bottiers, tailleurs, maroquiniers et créateurs de bijoux raffinés, mais aussi des céramistes, des verriers et des ébénistes. Et pour ceux qui veulent s'essayer aux travaux manuels, il existe un lieu prévu à cet effet.*

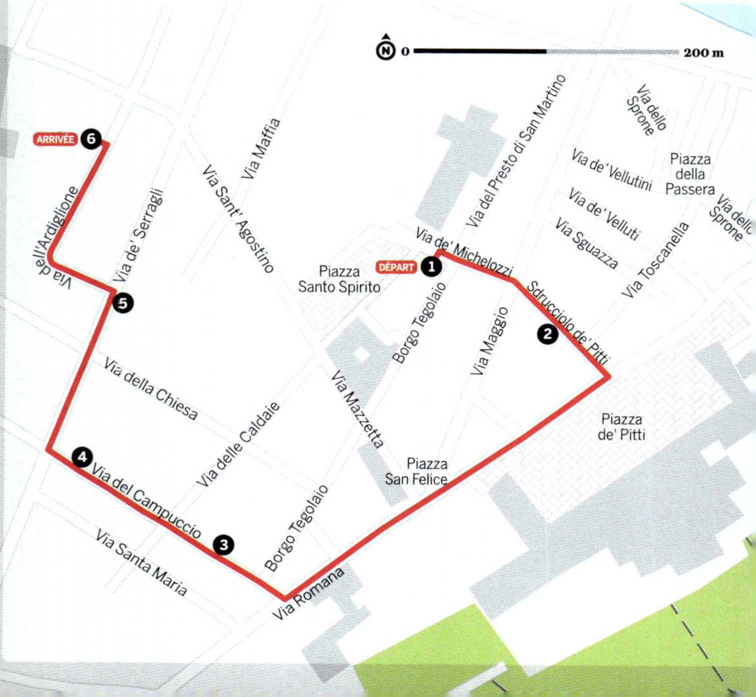

❶ Chaussures

Sur la Piazza Santo Spirito, **Roberto Ugolini** (☎055 21 62 46 ; Via Michelozzi 17/R ; ⌚9h-13h30 et 15h30-19h30 lun-sam) fabrique des chaussures sur mesure très confortables dans différentes peaux : il suffit de choisir le modèle.

❷ Mode

À deux pas du Palazzo Pitti, deux ateliers féminins se font face le long d'une petite rue droite. **Giulia Materia** (☎055 975 39 75 ; www.giuliamateria.com ; Sdrucciolo de' Pitti 13/R ; ⌚10h-19h mar-sam, 12h-19h dim), une jeune créatrice, coud des vêtements colorés, tandis que la styliste **Tiziana Alemanni** (☎327 674 51 43 ; www.tizianaalemanni.it ; Sdrucciolo de' Pitti 20/R ; ⌚10h-19h lun-sam) confectionne d'élégantes robes en maille.

❸ Campucc10

Campucc10 (☎055 512 15 45 ; www.campucc10.com ; Via del Campuccio 10/R ; ⌚horaires variables) est un espace partagé par de jeunes artistes/artisans ayant en commun la passion des belles choses. On y trouve, entre autres, des bijoux, des sculptures et des articles en tissu.

❹ Mortegan

Au fond de la rue, une porte vitrée précédée de quelques plantes vous donnera accès au bel atelier de **Mortegan** (☎393 616 99 06 ; www.facebook.com/mortegan2015 ; Via del Campuccio 46/R ; ⌚15h30-20h30 lun, 10h30-13h30 et 15h30-20h30 mar-ven, 10h30-19 sam), qui crée des ceintures, des sacs, des portefeuilles et d'autres accessoires de cuir teint aux colorants végétaux, cousus à la main.

❺ Bijoux

Nuages de fils d'argent, bagues gravées au burin, bracelets en cuivre et pendentifs aux formes géométriques, voici les bijoux de **NAA Studio** (☎055 975 44 13 ; www.naastudio.com ; Via dei Serragli 59/R ; ⌚16h-19h30 lun, 10h-13h et 16h-19h30 mar-sam), ciselés par Negar Azhar Azari, orfèvre florentine d'origine persane.

❻ Sacs

Faites un saut dans l'antre de **Dimitri Villoresi** (☎366 453 48 67 ; www.dimitrivilloresi.com ; Via dell'Ardiglione 22 ; ⌚9h30-13h et 15h30-20h lun-ven, sam sur rdv), personnage un peu bourru mais qui réalise des sacs aussi splendides qu'indestructibles.

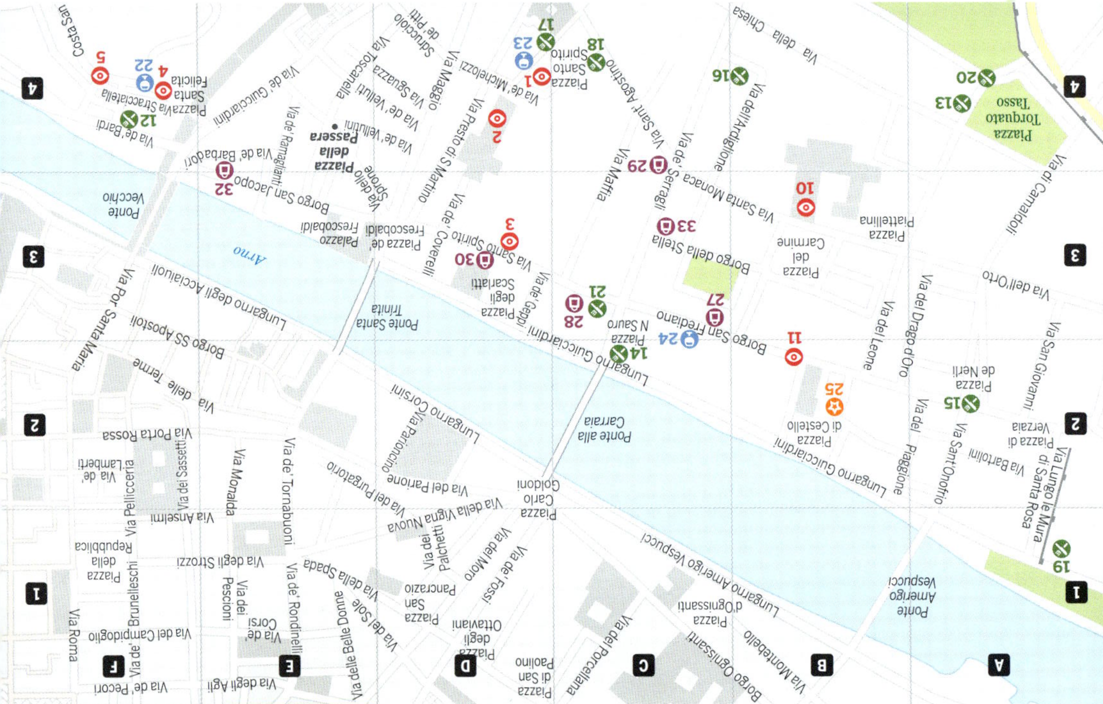
A
B
C
D
E
F
1
2
3
4
Arno
Ponte Amerigo Vespucci
Ponte alla Carraia
Ponte Santa Trinita
Ponte Vecchio
Via Roma
Via de' Pecori
Via de' Brunelleschi
Via del Campidoglio
Piazza della Repubblica
Via Pellicceria
Via de' Lamberti
Via dei Sassetti
Via Porta Rossa
Via Por Santa Maria
Via Anselmi
Via Monalda
Via degli Strozzi
Via dei Pescioni
Via de' Corsi
Via degli Agli
Via de' Tornabuoni
Via de' Rondinelli
Via delle Belle Donne
Via della Spada
Via del Sole
Piazza San Pancrazio
Piazza degli Ottaviani
Piazza di San Paolino
Via dei Palchetti
Via della Vigna Nuova
Via del Purgatorio
Via del Parione
Via Parioncino
Via del Moro
Via de' Fossi
Piazza Carlo Goldoni
Via del Porcellana
Borgo Ognissanti
Piazza d'Ognissanti
Via Montebello
Lungarno Amerigo Vespucci
Lungarno Corsini
Via delle Terme
Borgo SS Apostoli
Lungarno degli Acciaiuoli
Piazza de' Frescobaldi
Palazzo Frescobaldi
Borgo San Jacopo
Via de' Barbadori
Via de' Bardi
Piazza Santa Felicita
Via Stracciatella
Costa San
Via de' Guicciardini
Via de' Ramaglianti
Via dello Sprone
Piazza della Passera
Via de' Vellutini
Via de' Velluti
Via Toscanella
Via Sguazza
Sdrucciolo de' Pitti
Via Maggio
Via Presto di S Martino
Via de' Michelozzi
Piazza Santo Spirito
Via Sant' Agostino
Via de' Coverelli
Via Santo Spirito
Piazza degli Scarlatti
Via de' Geppi
Lungarno Guicciardini
Piazza N Sauro
Via Maffia
Via de' Serragli
Borgo della Stella
Borgo San Frediano
Via Santa Monaca
Via dell'Ardiglione
Via della Chiesa
Piazza del Carmine
Piazza Piattellina
Piazza di Cestello
Via del Leone
Via del Drago d'Oro
Via del Piaggione
Via Sant'Onofrio
Piazza de Nerli
Via Bartolini
Piazza di Verzaia
Via Lungo le Mura di Santa Rosa
Via San Giovanni
Via dell'Orto
Via di Camaldoli
Piazza Torquato Tasso
1
2
3
4
5
10
11
12
13
14
15
16
17
18
19
20
21
22
23
24
25
27
28
29
30
32
33

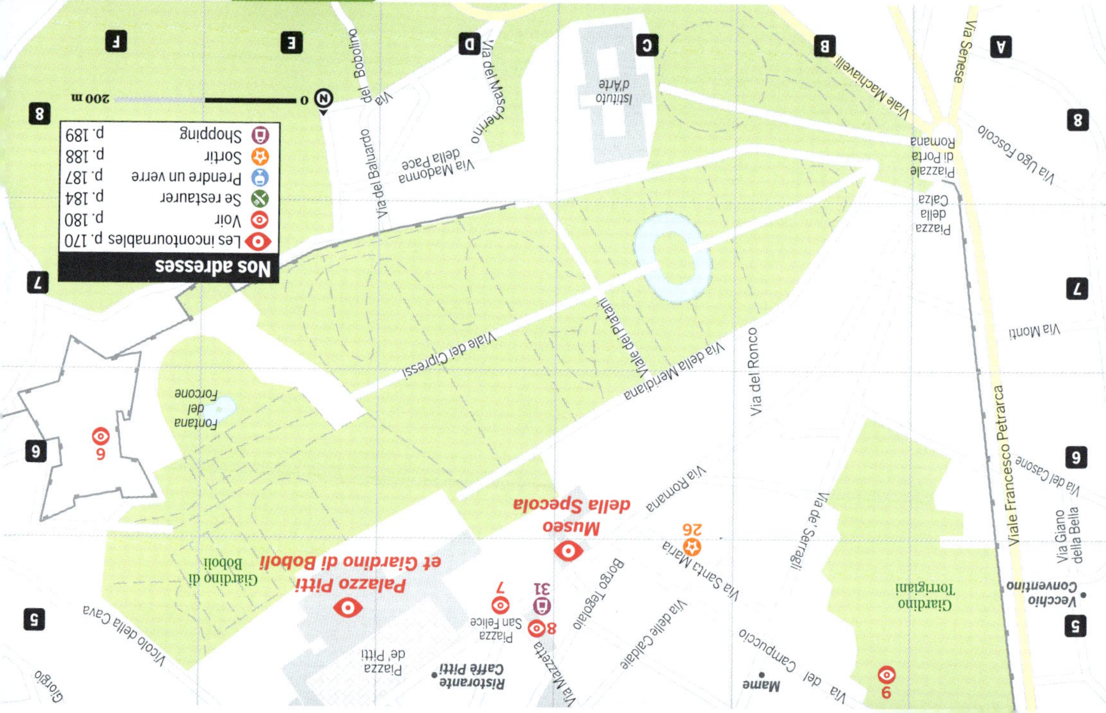
Nos adresses
Les incontournables p. 170
Voir p. 180
Se restaurer p. 184
Prendre un verre p. 187
Sortir p. 188
Shopping p. 189
0
200 m
N
A
B
C
D
E
F
5
6
7
8
Palazzo Pitti et Giardino di Boboli
Museo della Specola
Giardino di Boboli
Giardino Torrigiani
Fontana del Forcone
Istituto d'Arte
Piazza de' Pitti
Piazza San Felice
Ristorante Caffè Pitti
Mame
Vecchio Conventino
Piazza della Calza
Piazzale di Porta Romana
Via Mazzetta
Borgo Tegolaio
Via delle Caldaie
Via Santa Maria
Via Romana
Via del Campuccio
Via de' Serragli
Via del Ronco
Viale Francesco Petrarca
Via del Casone
Via Giano della Bella
Via Monti
Via Ugo Foscolo
Via Senese
Viale Machiavelli
Viale dei Platani
Via della Meridiana
Viale dei Cipressi
Via del Baluardo
Via Madonna della Pace
Via del Mascherino
Via del Bobolino
Vicolo della Cava
Giorgio
6
7
8
9
26
31

Voir

Piazza Santo Spirito PLACE

1 PLAN P. 178, D4

Le cœur de l'Oltrarno bat ici, sur cette petite place arborée qui, hors saison, accueille le 3e dimanche de chaque mois la **Fierucola** (lafierucola.org ; 8h-19h sept-juin). Ce marché aux puces animé attire des centaines de touristes et de Florentins à la recherche de bonnes occasions. Bordée de restaurants et de bars, elle se remplit dès le soir de jeunes qui se retrouvent sur les marches de l'église ou autour de la fontaine du XIXe siècle qui embellit l'ensemble. Allez découvrir cette atmosphère, que d'aucuns jugent chaotique et étourdissante, après le coucher du soleil : vous en verrez de toutes les couleurs.

Basilica di Santo Spirito ÉGLISE

2 PLAN P. 178, D4

Cette basilique du XVe siècle à la façade dépourvue d'ornements est considérée comme le chef-d'œuvre de Filippo Brunelleschi. Bâtie sur un plan en croix latine, elle comporte deux rangées de **colonnes en pietra serena** surmontées de chapiteaux corinthiens qui, au lieu de s'achever à la croisée du transept, se prolongent jusque derrière le maître-autel. Dans l'intention de l'architecte, les 38 **chapelles** latérales semi-circulaires auraient dû former à l'extérieur une série d'**absides** sans précédent. Sa mort entraîna l'intervention d'autres architectes, mais le résultat est étonnant. Dirigez-vous en priorité vers la cinquième chapelle du transept droit pour admirer la **Pala Nervi** (1496), retable de Filippino Lippi représentant la Vierge à l'Enfant entourée de saints et de commanditaires ; la porte à l'arrière-plan est celle de San Frediano. Pénétrez ensuite dans la **sacristie** de forme octogonale, dont l'une des niches contient un délicat crucifix en bois sculpté par Michel-Ange à l'âge de 18 ans. (055 21 00 30 ; www.basilicasantospirito.it ; Piazza Santo Spirito 30 ; 10h-13h et 15h-18h lun-sam, 11h30-13h30 et 15h-18h dim et fêtes religieuses)

Palazzo Frescobaldi JARDIN

3 PLAN P. 178, D3

Un jardin secret se cache derrière le portail du Palazzo Frescobaldi. Avec sa glycine centenaire et son immense séquoia planté au XIXe siècle, ce riant espace vert invite à une pause détente face au campanile de la Basilica di Santo Spirito. Dites au gardien de la propriété privée que vous souhaitez jeter un coup d'œil et il vous indiquera le chemin. (Via Santo Spirito 11)

Chiesa di Santa Felicita ÉGLISE

4 PLAN P. 178, F4

Reconstruite à maintes reprises depuis sa fondation au IVe siècle, la Chiesa di Santa Felicita date sous sa forme actuelle du XVIIIe siècle.

Basilica di Santo Spirito

Dans l'opulente **chapelle Capponi** (1420), projet de Brunelleschi, la *Déposition* (1528) de Pontormo domine le maître-autel. (☎055 21 30 18 ; Piazza Santa Felicita 3 ; 🕒9h30-12h30 et 15h30-17h lun-sam)

Costa San Giorgio RUE

5 PLAN P. 178, F4

Cette charmante ruelle en pente abrupte donne un aperçu pittoresque de l'Oltrano médiéval. Au n°19 se trouve la **maison de Galilée**, dont le portrait orne la façade, mais qui ne vécut jamais ici de façon permanente.

Forte di Belvedere FORTERESSE

6 PLAN P. 178, F6

En 400 ans d'existence, le fort du Belvédère conçu par Bernardo Buontalenti au sommet de la colline de Boboli n'a jamais été utilisé à des fins militaires. Il servit en revanche de résidence estivale aux Médicis et accueillit des parades et des réceptions. Montez pour profiter d'un magnifique panorama sur la ville. (Costa San Giorgio ; 🕒ouvert lors des expositions)

Casa Guidi MAISON-MUSÉE

7 PLAN P. 178, D5

Les romantiques invétérés visiteront le nid d'amour d'Elizabeth Barret Browning et de son époux Robert, qui avaient fui l'Angleterre au début du XIXe siècle pour se marier contre la volonté de la famille de la poétesse. Dans les pièces de l'appartement, au 1er étage, ont été réinstallés les meubles, tableaux et bibelots achetés par le couple à divers brocanteurs du quartier. (055 35 44 57 ; Piazza San Felice 8 ; entrée sur don ; fermée au moment de la rédaction de ce guide)

Chiesa di San Felice in Piazza

ÉGLISE

8 PLAN P. 178, D5

La façade Renaissance de Michelozzo dissimule une petite église gothique. À l'intérieur, un immense crucifix de l'école giottesque (1308) surmonte l'autel de la **Cappella Maggiore**. À noter aussi, au-dessus du sixième autel à gauche, le **triptyque** (1467) de Neri di Bicci représentant quatre saints. (055 22 17 06 ; Piazza San Felice 5 ; 9h-12h et 16h-18h30 lun-ven, 9h-12h sam, 9h30-11h dim)

Giardino Torrigiani

JARDIN

9 PLAN P. 178, B5

Ce jardin à l'anglaise du XIXe siècle couvre environ 7 ha de pelouses, d'arbres et de bambouseraies émaillés de grottes, de statues et de symboles évoquant la franc-maçonnerie (dont le marquis Pietro Torrigiani était membre). Au centre, une tour d'observation astronomique de 40 m domine les toits de l'Oltrarno. (055 22 45 27 ; www.giardinotorrigiani.it ; Via dei Serragli 144 ou Via del Campuccio 53 ; sur rdv)

Cappella Brancacci

ÉGLISE

10 PLAN P. 178, B3

Dans la **Basilica di Santa Maria del Carmine** (8h30-12h et 17h-19h lun-sam, 17h-19h dim), l'incontournable **Cappella Brancacci** conserve un cycle de fresques sur la vie de saint Pierre, commencé en 1424 par Masolino da Panicale et Masaccio et achevé 60 ans plus tard par Filippino Lippi. De 20 ans plus âgé que son collègue, Masolino reste attaché au style gothique tardif et se perd dans un luxe de détails. Masaccio met en revanche l'accent sur la caractérisation psychologique

Les amours contrariées de François et Bianca

Au n°26 de la **Via Maggio** (plan p. 178, D4) se tient le palais à la façade ornée de fresques où vécut Bianca Cappello, noble dame vénitienne qui fut longtemps la maîtresse de François Ier de Médicis et que celui-ci épousa après la mort de Jeanne d'Autriche. Les Florentins n'acceptèrent jamais cette union : le couple mourut de façon suspecte en 1587, à un jour d'intervalle, dans la Villa médicéenne de Poggio a Caiano. Certains historiens penchent pour la thèse de l'empoisonnement, d'autres pour celle de la malaria. Le grand-duc de Toscane fut enterré avec les honneurs dus à son rang, Bianca anonymement dans un lieu inconnu.

ISOGOOD_PATRICK/SHUTTERSTOCK ©

Détails de la Cappella Brancacci

des personnages. On doit à ce précurseur de la Renaissance italienne les peintures les plus célèbres de la chapelle, d'une grande intensité dramatique. Son *Adam et Ève chassés de l'Éden* montre des personnages nus, sales et désespérés. La même expressivité se dégage du *Paiement du tribut*, du *Baptême des néophytes*, avec ses baptisés tremblant de froid, et de la *Résurrection du fils de Théophile*. Parmi les panneaux de Lippi, le *Crucifiement de saint Pierre* termine le cycle d'une façon spectaculaire. (055 276 82 24, 055 276 85 58 ; Piazza del Carmine 14 ; tarif plein/réduit sam-lun 10/7 €, mer-ven 8/6 € ; 10h-17h mer-lun, 13h-17h dim, réservation gratuite conseillée au moins 1 jour avant la visite)

Borgo San Frediano QUARTIER

11 PLAN P. 178, B2

Le *rione* (quartier) au nord de la Basilica di Santa Maria del Carmine est l'un des rares à conserver un caractère populaire, avec des dizaines d'ateliers d'artisans. Promenez-vous dans cet entrelacs de ruelles, visitez l'**église de San Frediano in Cestello** (055 21 58 16 ; Via di Cestello 4 ; 17h-18h30 lun, 8h30-12h et 17h-18h30 mar-sam, 16h-18h dim), de style baroque, et perdez-vous entre les énormes statues exposées dans le studio et galerie d'art **Romanelli** (055 239 60 47 ; www.raffaelloromanelli.com ; Borgo San Frediano 70 ; 10h-13h et

Les toits de l'Oltrarno

Dans l'Oltrarno, il n'existe pas deux immeubles voisins dont l'avancée du toit soit d'une longueur identique. Les ruelles presque entièrement couvertes alternent ainsi avec celles à ciel ouvert. Jadis, la dimension de cette avancée (et donc sa capacité plus ou moins grande à protéger les passants du soleil et de la pluie) dépendait de la richesse de la famille qui habitait l'édifice ou l'avait fait construire. Aussi, en cas d'averse soudaine, mieux vaut se réfugier dans la zone des demeures nobiliaires, c'est-à-dire vers l'Arno.

14h-18h lun-ven), située dans une ancienne église qui se consacre à la sculpture depuis 1829. Avancez au bout du quartier jusqu'à la **Porta San Frediano** (Via Pisana), ancienne entrée de la muraille défensive dotée d'un imposant portail du XVe siècle en bois clouté.

Se restaurer

La Strega Nocciola — GLACES €

12 PLAN P. 178, F4

Cet excellent glacier originaire de Scandicci vous attend du côté du Ponte Vecchio. La noisette régale les papilles, mais aucun des nombreux parfums ne déçoit. Autre enseigne près du Duomo. (055 238 21 50 ; www.lastreganocciola.it ; Via de' Bardi 51/R et 53/R ; 11h30-23h30 lun-ven, 11h-0h sam-dim en été, horaires réduits l'hiver)

La Sorbettiera — GLACES €

13 PLAN P. 178, A4

Ouvert en 1934, ce minuscule glacier artisanal prépare le meilleur chocolat fondant de Florence. Si l'amère Catrame ("goudron") ne vous inspire pas, rabattez-vous sur les saveurs telles que citron-sauge, thé indien-gingembre ou guacamole. N'hésitez pas à demander conseil sur les combinaisons de saveurs. (055 512 03 36 ; www.lasorbettiera.com ; Piazza Tasso 11/R ; 12h30-0h lun-sam, 11h-13h et 15h-0h dim, horaires réduits en hiver)

La Carraia — GLACES €

14 PLAN P. 178, C2

La file d'attente témoigne de la grande qualité des produits, des glaces et sorbets dans des cornets et coupes bien garnis. (055 28 06 95 ; www.lacarraiagroup.eu ; Piazza Nazario Sauro 25/R ; 11h-0h, fermé jan)

I' Trippaio di San Frediano — TRIPES €

15 PLAN P. 178, A2

Ce tripier fameux propose tous les classiques – tripes, sandwichs au *lampredotto*, langue à la sauce verte et *nervetti* (salade de tête et cartilages de veau) – à déguster sur de hautes tables près du stand. Les allergiques aux abats pourront

KAVALENKAVA/SHUTTERSTOCK ©

Panorama de l'Oltrarno

commander des tagliatelles aux champignons, du risotto ou un hamburger. (Piazza dei Nerli ; 10h-18h lun-ven)

I Raddi

TRATTORIA **€/€€**

16 PLAN P. 178, B4

Cette bonne trattoria le long d'une rue romantique sert des plats sortant de l'ordinaire dans une atmosphère comme à la maison. La carte change cinq ou six fois par an, mais comporte toujours des desserts exquis. Si vous cherchez quelque chose de plus rapide et de moins cher qu'un repas complet, sachez qu'elle a récemment ouvert une succursale Piazza Santo Spirito. Il s'agit d'une **Bottega gastronomica** (055 29 21 81 ; Via Michelozzi 19/R ; repas à partir de 6 € ; 10h-2h lun-dim) avec quatre ou cinq tables devant la basilique, où vous pourrez mordre dans de consistants sandwichs ou *schiacciate* (fougasse toscane), comme celle garnie de *finocchiona* (saucisson au fenouil), courgettes et fromage de brebis, que vous pourrez accompagner d'une bière glacée. (055 21 10 72 ; www.trattoriairaddi.it ; Via dell'Ardiglione 47/R ; repas 6-35 € ; 12h30-14h30)

T'Amerò

BAR À PÂTES **€/€€**

17 PLAN P. 178, D4

Un bistrot tendance spécialisé dans les pâtes fraîches de toutes sortes, à l'intérieur d'un ancien garage reconverti. La cuisine fonctionne jusqu'au milieu de la nuit et l'on peut opter pour l'*aperipasta* (9 €)

savoureux et substantiel. Petite scène de musique live au fond de la salle et tables en extérieur l'été. (☎055 28 25 96 ; www.tamerofirenze.com ; Piazza Santo Spirito 11/R ; repas 10-30 € ; 🕒12h-0h, service au bar jusqu'à 1h)

Osteria Santo Spirito OSTERIA €€

18 PLAN P. 178, C4

Une adresse rustique et animée, qui offre une cuisine sans chichis à base de planches de charcuterie, pâtes à la viande, soupes, biftecks à la florentine et *polpette* (boulettes de viande). Demi-portions disponibles pour les petits appétits. (☎055 238 23 83 ; www.osteriasantospirito.it ; Piazza Santo Spirito 16/R ; repas 18-35 € ; 🕒12h-15h et 19h30-23h30 lun-ven, 19h30-23h30 sam-dim)

Santarosa Bistrot BISTROT €€

19 PLAN P. 178, A1

Sortez par la Porta di San Frediano pour découvrir ce petit coin où l'on mange bien, plongé dans la verdure des jardins qui bordent les remparts. C'est un refuge appréciable à tout moment de la journée, quand on peut se prélasser sur une chaise longue à l'ombre des arbres, ou sur la terrasse de l'établissement, véritable citronneraie. Le menu change au fil des saisons. La carte est plus réduite à midi, où tapas et amuse-gueules satisfont une clientèle jeune préférant un repas informel et moins cher. (☎055 230 90 57 ; www.santarosabistrot.com ; Lungarno di Santa Rosa ; assiettes à midi 7-15 €, tapas 7 €, repas 35 € ; 🕒8h-0h lun-ven, 10-0h sam, 10h-23h

Piazza della Passera

En parcourant le lacis de ruelles au pied du Palazzo Pitti (p. 170), vous déboucherez soudain sur le curieux espace triangulaire de la **Piazza della Passera** (plan p. 178, E4). À l'endroit occupé par la terrasse du restaurant **Magazzino** (☎055 21 59 69 ; Piazza della Passera 2 ; repas à partir de 25 € ; 🕒12h-15h et 19h30-23h lun-dim), qui cuisine merveilleusement les tripes et autres abats dans un cadre traditionnel, se trouvait autrefois un lupanar, fréquenté dit-on par Côme Ier. Florence en comptait alors beaucoup d'autres et de nombreux toponymes – Via delle Belle Donne (rue des Belles Femmes), Via delle Serve Smarrite (rue des Servantes égarées), Via dell'Amorino (rue de Cupidon), etc. – le rappellent ouvertement. Si vous passez par là, profitez-en pour déguster une glace artisanale à la **Gelateria della Passera** (☎055 29 18 82 ; Via Toscanella 15/R ; 🕒12h-0h lun-dim mars-oct, 12h-21h lun-dim nov-fév), de préférence au café.

Al Tranvai

dim, service restaurant midi 12h30-15h, soir 19h30-23h)

Al Tranvai TRATTORIA €€

20 PLAN P. 178, A4

Une alléchante trattoria de quartier à l'atmosphère intime, où trône l'avant d'un vieux tram florentin. On y mange assis sur de longs bancs, au coude-à-coude avec une clientèle essentiellement locale qui apprécie la cuisine rustique de la région. (055 22 51 97 ; Piazza Tasso 14/R ; repas 20-30 € ; 12h15-15h et 19h10-22h45 mar-sam, 19h10-22h45 lun)

Il Santo Bevitore RESTAURANT €€

21 PLAN P. 178, C3

Sous les voûtes en berceau de cet établissement très fréquenté, les convives se régalent de plats toscans revisités autour de tables en bois sombre. Les *primi* s'avèrent délicieux, tout comme les viandes et les saucissons servis en entrée. Nombreux vins au verre de qualité. Mieux vaut réserver pour éviter d'attendre une heure sur le trottoir. (055 21 12 64 ; www.ilsantobevitore.com ; Via di Santo Spirito 64-66/R ; repas 25-40 € ; 12h30-14h30 et 19h30-23h30)

Prendre un verre

Le Volpi e l'Uva BAR À VINS

22 PLAN P. 178, F4

Dans un décor de bouteilles et de vieux tonneaux en chêne, choisissez parmi une vaste

Sortir dans l'Oltrarno

Pour savoir ce qui se passe en ville (soirées, concerts, expositions...), procurez-vous **Lungarno** (www.lungarnofirenze.it), un mensuel gratuit sur la culture, les spectacles et la société, écrit par une importante rédaction de Florentins. La liste des bars, galeries d'art et librairies où il est distribué figure sur le site Internet.

sélection de vins au verre provenant de petits producteurs italiens et français. Pour éponger le tout, les grosses tartines chaudes, les planches de fromages des deux côtés des Alpes et la charcuterie de Cinta Senese (race porcine toscane) ont la cote. (055 239 81 32 ; www.levolpieluva.com ; Piazza dei Rossi 1 ; 11h-21h)

Volume

CAFÉ

23 PLAN P. 178, D4

Ce café vivant au mobilier vintage, aménagé dans une ancienne menuiserie, propose des crêpes et des jus de fruits frais jusqu'au coucher du soleil et souvent de bons concerts le soir. Des étagères aux murs contiennent encore les jolies créations en bois de l'atelier. (055 238 14 60 ; www.volume.fi.it ; Piazza Santo Spirito 5/R ; 9h-1h30 lun-dim)

La Citè

CAFÉ/LIBRAIRIE

24 PLAN P. 178, C2

On s'installe ici comme dans le salon d'un ami pour déguster un thé, un chocolat ou un verre de vin en feuilletant l'un des nombreux livres en vente. À partir de 21h, des concerts et lectures transforment le café en lieu de rencontre effervescent. (055 21 03 87 ; www.lacitelibreria.info ; Borgo San Frediano 20/R ; 10h-2h lun-sam, 15h-22h dim)

Sortir

Teatro di Cestello

THÉÂTRE

25 PLAN P. 178, B2

Ce petit théâtre reçoit des compagnies florentines, toscanes et nationales qui jouent en dialecte. Des auteurs anglais, français et espagnols mis en scène dans leur langue d'origine, ainsi que des spectacles pour enfants l'après-midi, figurent également à l'affiche. (055 29 46 09 ; www.teatrocestello.it ; Piazza di Cestello 4)

Teatro Goldoni

THÉÂTRE

26 PLAN P. 178, C5

Les loges, les fauteuils en velours rouge, le grand rideau peint et le somptueux foyer de cet élégant théâtre à l'italienne du début du XIXe siècle ont recouvré leur lustre d'antan grâce aux méticuleux travaux de restauration achevés en 1997. La salle accueille quelques-uns des concerts et représentations de l'Opéra de Florence. (☎055 277 93 09 ; www.operadifirenze.it ; Via Santa Maria 15)

Shopping

Twisted Jazz
MUSIQUE

27 PLAN P. 178, C3

Depuis quand cherchiez-vous le formidable album nippon bien en vue dans la vitrine de ce magasin de disques où somnole le chien Ivan ? Stefano Nuzzo, le patron, n'a pas de rival en matière de jazz et saura vous conseiller d'autres friandises du genre. (☎055 28 20 11 ; Borgo San Frediano 21/R ; ⏰9h-13h et 15h30-20h lun-ven, jusqu'à 19h30 sam)

Angela Caputi
BIJOUX FANTAISIE

28 PLAN P. 178, C3

Malgré les prix affichés, sans doute ne résisterez-vous pas aux créations originales, chics et gaies de la styliste Angela Caputi en passant devant la vitrine. (☎055 21 29 72 ; www.angelacaputi.com ; Via di Santo Spirito 58/R ; ⏰10h-13h et 15h-19h30 lun-sam)

Momò
MODE

29 PLAN P. 178, C4

Au cœur de l'Oltrarno, vous trouverez dans ce magasin coloré des vêtements vintage allant des pièces des plus prestigieuses maisons du monde aux vêtements plus anonymes. Tous sont adaptés à la vie quotidienne. On déniche aussi des accessoires et autres

Le Volpi e l'Uva (p. 187)

MARTIN HUGHES/LONELY PLANET ©

KATEAFTER/SHUTTERSTOCK ©

Panorama du Giardino di Boboli (p. 170)

objets intéressants dans cette malle aux trésors. (055 013 21 94 ; www.momovintage.it ; Via dei Serragli 7/R ; 10h30-19h30 lun-sam, 15h30-19h30 dim)

Castorina

AMEUBLEMENT

30 PLAN P. 178, D3

Depuis 1895, l'atelier de la famille Castorina réalise des meubles, cadres et objets de décoration en bois sculpté d'exception. (055 21 28 85 ; www.castorina.net ; Via Santo Spirito 15/R ; 9h-13h et 14h-18h lun-ven)

LucillaVecc

ILLUSTRATIONS

31 PLAN P. 178, D5

Lucilla Vecchiarino, jeune architecte et dessinatrice de grand talent, exécute au crayon et au feutre des illustrations très colorées : de joyeux et réjouissants portraits de saintes, de la Vierge et d'autres femmes, à l'air un peu naïf. On peut acheter ses créations, mais aussi des sacs, des T-shirts et d'autres accessoires de mode personnalisés dans sa ravissante petite boutique, à deux pas du Palazzo Pitti. (328 839 63 01 ; www.facebook.com/lucillaveccillustrations ; Via Romana 8-10/R ; 10h30-13h et 15h-19h lun-sam)

Marsili's

ÉCHECS

32 PLAN P. 178, E4

Où trouver ailleurs un jeu d'échecs dont le roi a les traits du David de Michel-Ange et la reine est la Vénus de Botticelli ? La tour, naturellement, est celle du Palazzo Vecchio… Les vitrines de Marsili's présentent un univers créatif qui transforme plateaux et pièces de jeu en petits théâtres thématiques. Pour les professionnels, les modèles classiques Staunton restent disponibles. Les pièces artisanales sont certifiées, ce qui explique leur prix…(prévoyez une dépense de 200 € environ minimum). (329 879 70 21 ; www.chess-store.it ; Borgo San Jacopo 23/R ; 14h-19h lun et dim, 11h-20h mar, jeu et sam, 11h-19h mer et ven)

Il Cortile

MODE FEMME

33 PLAN P. 178, C3

Il est vrai qu'à San Frediano, le shopping s'oriente essentiellement vers la confection et l'artisanat,

Le Vecchio Conventino hors-les-murs, une histoire d'art et de résistance

En 1920, la Grande Guerre est terminée et le Monastero di Santa Teresa, construit quelques décennies auparavant pour l'ordre reclus des Carmelitane Scalze, est à l'abandon. Un nouveau chapitre s'ouvre alors dans l'histoire du bâtiment monastique et de Florence : l'art prend possession des cellules où régnait le silence, et des peintres, des sculpteurs et des artisans y installent leurs ateliers. Des intellectuels, des philosophes et des libres penseurs apparaissent dans la cour. Sous le fascisme, ils y créent une typographie clandestine, et transforment le **Conventino** en centre de la Résistance dans l'Oltrarno. Après avoir connu de nombreuses vicissitudes et être passé par des hauts et des bas, cet espace "résiste" encore aujourd'hui, et combat contre l'oubli auquel son emplacement excentré – il se trouve hors des circuits les plus touristiques, Via Giano della Bella 20 (plan p. 178, A5) – pourrait le destiner.

Une trentaine d'ateliers y entretiennent la flamme de la créativité artistique : designers, mosaïstes, peintres, sculpteurs, joailliers, céramistes et restaurateurs font évoluer les techniques des anciens métiers et ouvrent leurs portes aux visiteurs et à tous ceux qui ont envie de s'offrir une création toscane, et de rencontrer l'artiste qui l'a réalisée. L'**Officina Creativa** (www.officinacreativafirenze.it) coordonne ce projet : vous trouverez sur son site Web la liste complète des artisans participants. Pour découvrir les événements prévus (il y a souvent des marchés de créateurs, surtout à la belle saison), cherchez **Vecchio Conventino Firenze** sur Facebook ou Instagram. Pour une pause bien méritée, entrez dans l'accueillant **Caffè Letterario Il Conventino** (055 709 25 63 ; www.ilconventinofirenze.it ; pizza 10 €, plats 8-12 € ; 9h-23h mar-dim), avec ses tables à l'intérieur ou dans la cour, qui sert quelques plats simples mais appétissants, à savourer en feuilletant un livre ou une revue.

mais si vous cherchez une boutique de mode raffinée à l'agréable décoration rétro qui valorise les pièces de marques comme Indi&Cold, Sessùn, Siyu et Merci, passez la porte du Cortile et laissez-vous conseiller par la charmante propriétaire. Elle vend également des chaussures et de la lingerie, ainsi que des accessoires en tout genre. (055 28 29 85 ; www.facebook.com/ilcortilefirenze ; Via dei Serragli 12/R ; 16h-19h lun, 11h-13h et 16h-19h mar-sam)

Explorer

San Niccolò et San Miniato al Monte

Juchés sur une colline de l'autre côté de l'Arno, San Niccolò et San Miniato al Monte sont parsemés de fastueux jardins du XIXe siècle, de somptueuses villas et de précieux musées peu visités. Une balade sur les routes bordées de verdure, et vous voilà tout en haut de la colline, où se dresse la ravissante basilique romane et se déploie la terrasse panoramique : vous n'avez plus qu'à profiter de la vue spectaculaire sur Florence.

Notre sélection

- ***Basilica di San Miniato al Monte*** *(p. 195)*
  Ce chef-d'œuvre de l'architecture romane toscane s'élève au-dessus des toits et offre d'inoubliables panoramas de Florence.

Comment y aller et circuler

Consultez le site www.at-bus.it et l'application TABNET pour les lignes, les horaires et les billets.

Plan p. 194

La Basilica di San Miniato al Monte V_E/SHUTTERSTOCK ©

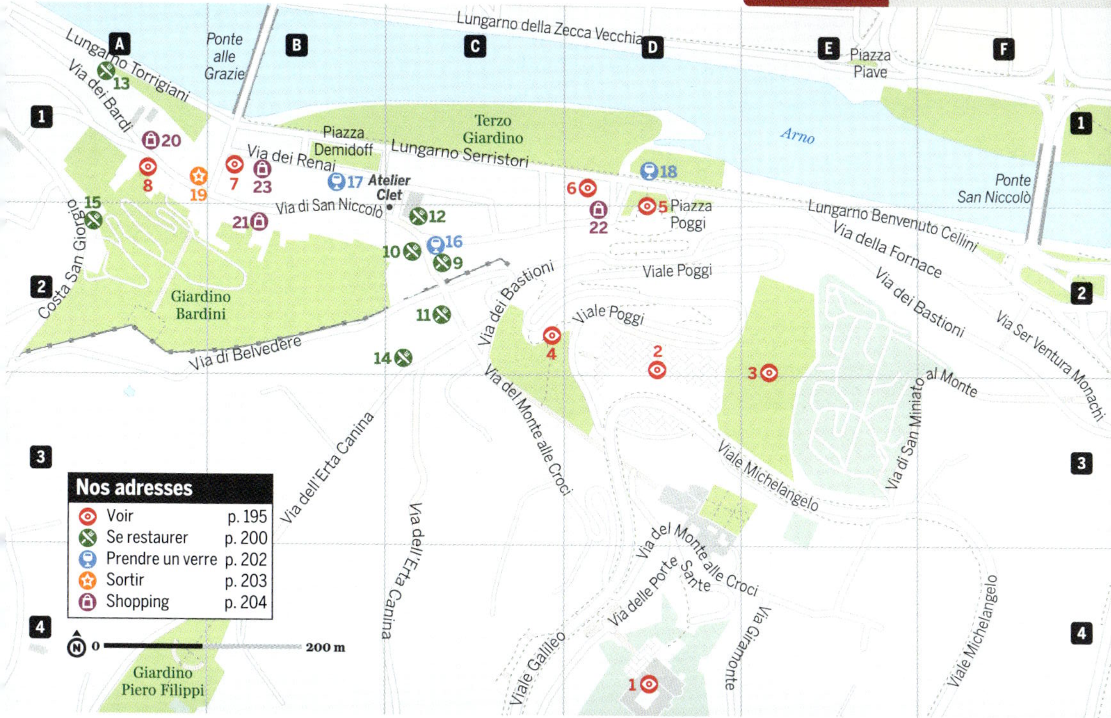
Lungarno della Zecca Vecchia
Lungarno Torrigiani
Via dei Bardi
Ponte alle Grazie
Piazza Demidoff
Via dei Renai
Terzo Giardino
Lungarno Serristori
Atelier Clet
Via di San Niccolò
Piazza Piave
Arno
Ponte San Niccolò
Lungarno Benvenuto Cellini
Via della Fornace
Via dei Bastioni
Via Ser Ventura Monachi
Piazza Poggi
Viale Poggi
Costa San Giorgio
Giardino Bardini
Via di Belvedere
Via di San Miniato al Monte
Viale Michelangelo
Via del Monte alle Croci
Via dell'Erta Canina
Via delle Porte Sante
Viale Galileo
Via Giramonte
Giardino Piero Filippi
Nos adresses
Voir p. 195
Se restaurer p. 200
Prendre un verre p. 202
Sortir p. 203
Shopping p. 204
0
200 m

Voir

Basilica di San Miniato al Monte

ÉGLISE

1 PLAN P. 194, E4

Dressée sur une des collines les plus élevées de Florence, la **Basilica di San Miniato al Monte**, avec sa belle façade blanche, est un chef-d'œuvre de l'architecture romane florentine. Bâtie vers l'an mille en l'honneur de saint Miniatus – martyrisé en 250 apr. J.-C. sous l'empereur Dèce –, l'église arbore une **façade** à double pente couverte de marbres géométriques blancs et verts et d'une brillante mosaïque dorée. Avant de pénétrer dans la pénombre de l'église, remarquez les trois grandes portes surmontées d'arcades aveugles.

Le jeu décoratif bicolore de la façade continue sous la charpente du plafond, en harmonie avec les **fresques** des XIIIe-XVe siècles qui ornent le flanc droit de la basilique. Dans la nef de gauche, la **Cappella del Cardinale Portogallo** abrite le monument funéraire du cardinal, sculpté par Antonio et Bernardo Rossellino. Observez le **sol en mosaïque**, qui remonte à 1207. Devant la porte principale, la grande roue en marbre blanc, qui illustre les signes du zodiaque, est le cadran de la **méridienne du solstice** qui, depuis le Moyen Âge, marque le temps qui passe. Gagnez le fond de la nef centrale, pour admirer, devant la **crypte**, la **Cappella del Crocifisso** de style Renaissance, conçue par

Intérieur de la Basilica di San Miniato al Monte

Michelozzo en 1448 et décorée de céramiques vitrifiées de Luca Della Robbia. Après avoir parcouru le sous-sol, soutenu par de grandes voûtes portées par 38 colonnettes, montez au **presbytère surélevé** afin d'admirer les décorations en marbre de l'abside et la somptueuse **mosaïque** dorée (probablement du même auteur que la façade) représentant un Jésus très byzantin entouré de la Vierge et de saint Miniatus. Jetez un coup d'œil à la **sacristie**, entièrement peinte de fresques de Spinello Aretino (1387) qui illustrent les *Histoires de saint Benoît*.

Après la visite, prenez le temps de flâner autour des monuments funéraires du **Cimitero delle Porte Sante** (055 262 55 53 ; 8h-13h), derrière la basilique. De nombreux visiteurs y cherchent la tombe de Carlo Collodi, le père de Pinocchio, et celle du styliste Enrico Coveri. Un plan à l'entrée vous y aidera. (www.sanminiatoalmonte.it ; Via delle Porte Sante 34 ; 9h-13h et 15h-19h lun-sam, 8h15-13h et 15h-19h dim)

Visites guidées spéciales

Près de la Basilica di San Miniato al Monte, se dresse le couvent des frères bénédictins. Il est fermé aux visites 364 jours par an, mais, tous les 26 décembre, le prieur don Bernardo Gianni organise quatre **visites guidées** (10h, 11h30, 15h, 17h ; www.sanminiatoalmonte.it) qui donnent accès au cloître, au réfectoire et aux *sinopie* (dessins préparatoires des fresques) de quelques fresques de Paolo Uccello, et expliquent pourquoi le clocher fut transformé par Michel-Ange en tour de repérage. Le 1er janvier, à 15h30, la visite de la basilique fournit un éclairage sur le caractère théologique et symbolique des décorations.

Piazzale Michelangelo TERRASSE PANORAMIQUE

2 PLAN P. 194, D2

Rejoignez cette grande place située en dessous de la Basilica di San Miniato al Monte. Réalisée durant la seconde moitié du XIXe siècle, elle est aujourd'hui prise d'assaut par les nombreux visiteurs qui profitent de sa vue imprenable sur Florence. Se frayer un chemin pour admirer aux premières loges le coucher du soleil n'est pas chose aisée ; toutefois, à condition d'arriver assez tôt, le grand escalier à gauche de la copie en bronze du *David* vous offrira un bon point d'observation.

Giardino dell'Iris JARDIN

3 PLAN P. 194, E2

Quel est le vrai symbole de Florence : le lys ou l'iris ? Les paris sont ouverts, mais en visitant ce

Le Giardino delle Rose

ravissant jardin à deux pas du Piazzale Michelangelo, vous jurerez que c'est l'iris. Ici, vous pouvez en admirer environ 2 000 exemplaires, aux formes et aux couleurs les plus insolites : du bleu pâle au violet intense, en passant par le beige, le rouge bariolé, le jaune et le rose. Entre avril et mai, quand ils sont tous en fleur, c'est magique. (☎055 48 31 12 ; www.societaitalianairis.com ; Piazzale Michelangelo ; entrée libre, visite guidée 5 € ; 🕘10h-12h30 et 15h-19h30 lun-ven, 10h-19h30 sam-dim 25 avr-20 mai)

Giardino delle Rose JARDIN

4 👁 PLAN P. 194, C2

Si vous cherchez un petit coin silencieux et romantique offrant un panorama unique, gagnez ce jardinet au-dessus de la Porta San Niccolò. Pendant quelques semaines, à la fin du printemps, les rosiers – qui datent de la fin du XIXe siècle – font éclore des dizaines de fleurs colorées au parfum enivrant. Interdiction de les cueillir, sous peine de forte amende. (☎055 234 24 26 ; Viale Poggi 2 ; 🕘9h-17h lun-ven, 10h-20h sam-dim été)

Porta San Niccolò PORTE

5 👁 PLAN P. 194, D2

Sur les rives de l'Arno, au pied de la colline de San Miniato, la porte médiévale la mieux conservée de la ville fut conçue par l'Orcagna en 1324. Bâtie en *pietra forte*, elle est composée de trois grands arcs surmontés de créneaux qui

SENSEHI/SHUTTERSTOCK ©

Vue sur Florence depuis les jardins du Museo Bardini

furent ajoutés bien plus tard. Vous la verrez dans sa totalité de Via San Niccolò, tandis qu'une vue originale s'offrira à vous des **Rampe del Poggi**, ces deux rampes d'escalier symétriques construites en 1870 pour marquer le début de la montée vers le Piazzale Michelangelo (p. 196). (055 276 82 24 ; Piazza Poggi ; visite guidée toutes les 30 min 17h-19h30 sur réservation)

Casa Rodolfo Siviero MUSÉE

6 PLAN P. 194, D1

L'agent 007 de l'art italien – l'homme qui, juste après la guerre, sillonna l'Allemagne à la recherche des œuvres volées par les nazis – habitait dans cet élégant petit palais avec vue sur l'Arno et la Porta San Niccolò. La collection hétérogène de Rodolfo Siviero, exposée dans les belles pièces de sa demeure, comprend une profusion de meubles antiques, bustes romains, statues polychromes du XVe siècle, tableaux – notamment des œuvres de Manzù et De Chirico. (055 234 52 19 ; www.museocasasiviero.it ; Lungarno Serristori 1 ; entrée libre ; 10h-18h sam, 10h-13h dim et lun, sur réservation mar-ven)

Museo Bardini MUSÉE

7 PLAN P. 194, B1

Considéré comme un musée mineur, le Museo Bardini compte pourtant quelque 3 600 précieuses œuvres d'art léguées à la ville par l'antiquaire florentin Stefano Bardini. Il abrite l'original de la sculpture du sanglier, fondue en bronze au XVIIe siècle par Pietro Tacca, qui se trouvait autrefois sous la Loggia del Mercato Nuovo (p. 57), ainsi qu'un petit *Diavolino* de Jean Bologne. Prenez le temps de flâner avant d'admirer la *Madonna della Mela (Madone de la Pomme)* en terre cuite de Donatello, l'audacieuse *Carità* en marbre de Tino di Camaino qui ornait autrefois la façade médiévale de la Cattedrale di Santa Maria del Fiore (le Duomo), une pierre tombale d'Arnolfo di Cambio et quelques sculptures de Nicola Pisano. Les passionnés de peinture apprécieront les toiles de Pollaiolo, du Guerchin et du Tintoret. Remarquez également le *Crucifix* peint de Bernardo Daddi et, au 1er étage, la splendide collection de *cassoni nuziali* (des coffres de mariage, qui contenaient le trousseau de la mariée) de la Renaissance, finement décorés. Mais l'œuvre la plus étonnante est un patchwork de Donatello, où l'artiste combina bois peint, stuc, mortier, cordes, verre et mosaïques de cuir pour réaliser cette ravissante *Madonna dei Cordai*. (☎055 234 24 27 ; www.musefirenze.it ; Via dei Renai 37 ; tarif plein/réduit 6/4 € ; ⏲11h-17h ven-lun)

Villa Bardini

MUSÉE

8 ◉ PLAN P. 194, A1

Entourée d'un délicieux **jardin à l'anglaise** (www.villabardini.it ; ⏲10h-19h) orné de statues, fontaines et allées étroites, et d'un monumental escalier baroque qui donne sur le **Kaffeehaus** (⏲mêmes horaires

Sur les traces de Galilée, entre Arcetri et la Villa Il Gioiello

Au cœur des douces collines et des longues rangées d'oliviers, à quelques kilomètres de San Miniato, **Arcetri** est le petit village où vécut Galilée pendant dix ans, à partir de 1631, après avoir été condamné par le Saint-Office à abjurer ses théories révolutionnaires et à l'exil. C'est ici, dans la **Villa Il Gioiello** (☎055 275 64 44 ; Via del Pian dei Giullari 42 ; ⏲sam-dim sur réservation), que le savant continua à scruter le ciel, jusqu'à sa mort, survenue en 1642. Il garda le contact avec sa fille, sœur au **Convento di San Matteo**, près de la résidence. Aujourd'hui, Arcetri est le siège de l'**Osservatorio Astrofisico** (☎055 275 22 80 ; www.arcetri.inaf.it ; Largo Enrico Fermi 5 ; visite guidée tarif plein/réduit 6/4 € ; ⏲sur réservation), un des plus importants observatoires d'Italie, bâti à partir de 1872. Les visites guidées nocturnes raviront les enfants et tous les amoureux des constellations.

que le jardin) avec vue imprenable sur Florence, cette villa, bâtie en 1641, abrite aujourd'hui deux musées : le **Museo Annigoni**, qui conserve 120 œuvres de Stefano Annigoni, peintre réaliste milanais du XXe siècle, et le **Museo Roberto Capucci**, du nom d'un des créateurs de mode les plus originaux du siècle. (☎055 263 85 99 ; www.villabardini.it ; Costa San Giorgio 2 ; la Villa Bardini était fermée au public au moment de nos recherches, consulter le site)

Clet, un artiste de rue

San Niccolò est le repaire de **Clet Abraham**, street artiste breton installé en Italie il y a des années et dont les œuvres originales ont surgi dans les rues de Florence. Vous remarquerez souvent des panneaux de signalisation revisités : la flèche de la direction obligatoire devient une arête de poisson ou un nez de Pinocchio, le panneau de voie sans issue devient un crucifix, celui d'interdiction un PacMan en train de manger, etc. Ses créations et ses autocollants sont en vente dans son **atelier** (plan p. 194, C2 ; www.clet.com ; Via dell'Olmo 8/R ; 🕒10h30-13h30 et 15h-19h30 lun-ven, 11h-20h sam-dim).

Se restaurer

Il Gelato di FiLo — GLACES €

9 PLAN P. 194, C2

La spécialité de ce glacier discret situé tout près des remparts médiévaux est la *crema di FiLo*, concoctée avec du *vinsanto* (vin de dessert) et du mascarpone. À moins que vous ne préfériez, en automne, le parfum *cachi e castagne* (kaki et marron). (☎055 248 06 17 ; Via San Miniato 5/R ; 🕒12h-23h30, horaires réduits en hiver, fermé jan)

Zeb — GASTRONOMIQUE €/€€

10 PLAN P. 194, C2

Une formule originale pour bien manger sans dépenser une fortune. Les plats haut de gamme se savourent au comptoir, arrosés d'un bon verre de vin. Les pâtes à la truffe fraîche ou à la sauce bolognaise sont fabuleuses, mais gardez de la place pour le dessert. (☎055 234 28 64 ; Via San Miniato 2/R ; repas à partir de 15 € ; 🕒12h-15h30 et 19h30-22h30 lun-mar, jeu et sam, 12h-15h30 dim)

Enoteca Fuori Porta — BAR À VINS €/€€

11 PLAN P. 194, C2

La carte des vins de cet établissement raffiné est très fournie : vous avez le choix entre quelques centaines de vins – italiens et français pour la plupart –, des vins pétillants et des eaux-de-vie. Installez-vous sur la jolie terrasse et, si vous avez une

Une œuvre de Clet

petite faim, commandez un en-cas. (055 234 24 83 ; www.fuoriporta.it ; Via Monte alle Croci 10/R ; repas à partir de 10 € ; 12h30-0h)

Osteria Antica Mescita San Niccolò

OSTERIA **€/€€**

12 PLAN P. 194, C2

L'atmosphère de la salle met déjà de bonne humeur : murs blancs, étagères ornées de bouteilles de vin, tables en bois et marbre, service sérieux et intime. Avec une dégustation de trois soupes et un plat de *rostinciane* (côtes de porc au gril), vos papilles vous remercieront. Et l'addition est légère. (055 234 28 36 ; www.osteriasanniccolo.it ; Via San Niccolò 60/R ; repas 18-25 € ; 12h-0h)

Lungarno 23

RESTAURANT **€€**

13 PLAN P. 194, A1

Si les *focacce* et les tripes commencent à vous lasser, laissez-vous tenter par un hamburger avec viande de race Chianina accompagné de frites. L'établissement est raffiné : rien à voir avec un fast-food. Lungarno 23 propose également des plateaux de fromages et charcuterie toscans et d'excellentes pâtes au blé Verna (une ancienne variété). Parfait pour les familles ; si vous voyagez avec un chien, il sera également le bienvenu. (055 234 59 57 ; www.lungarno23.it ; Lungarno Torrigiani 23 ; repas à partir de 20 € ; 19h-23h lun-ven, aussi 12h30-15h30 sam-dim)

La Beppa Fioraia

RESTAURANT €€

14 PLAN P. 194, C2

Juste en dehors des remparts du quartier, ce restaurant coloré doté d'un grand jardin fait partie de ces endroits que peu de Florentins connaissent. Sans vous ruiner, vous y dégusterez de délicieux *taglieri* très copieux, composés de *coccoli* (petits pains frits), fromages frais et affinés, pâté, confitures, charcuteries, champignons et *pappa al pomodoro* (soupe de tomate et de pain). Pour digérer, il suffit de faire quelques pas juste devant pour se sentir comme à la campagne. (055 234 76 81 ; www.labeppafioraia.it ; Via dell'Erta Canina 6/R ; repas 20-25 € ; 12h30-14h30 et 19h30-23h)

La Leggenda dei Frati

RESTAURANT €€€

15 PLAN P. 206, A2

Filippo Saporito et Ombretta Giovannini, ont apporté de Sienne à la Villa Bardini leurs passions et leurs recettes. Ce n'est pas seulement l'un des meilleurs restaurants de la ville, récompensé par une étoile au Michelin, mais sans aucun doute aussi celui qui offre le plus beau panorama. Entendons-nous : ce n'est pas une adresse à portée de toutes les bourses, mais, si vous êtes à Florence pour fêter quelque chose, venez et choisissez entre les plats originaux et raffinés : tartare de bœuf aux câpres de groseille, jardinière, myrte et herbes, *cappelletti* aux herbes aromatiques avec sauce de racines, fromage de chèvre, amandes et piment ou encore pigeon à la roquette, livèche et prunes. (055 068 05 45 ; www.laleggendadeifrati.it ; Costa San Giorgio 6/A ; repas 130-170 € hors boisson ; 19h-22h mar-dim, et également 12h30-14h ven-dim)

Prendre un verre

Il Rifrullo

CAFÉ BISTROT

16 PLAN P. 194, C2

Il Rifrullo est un établissement polyvalent : le matin, c'est un café, dans l'après-midi il devient un *american bar* animé dont l'apéritif est réputé, et le soir, il se transforme en un petit restaurant sympa, où il fait bon manger dans le jardin. Quelle que soit l'option, atmosphère pétillante et internationale garantie ! (055 234 26 21 ; www.ilrifrullo.com ; Via San Niccolò 55/R ; 7h30-2h)

Zoe

CAFÉ

17 PLAN P. 194, B1

Un des cafés les plus connus de Florence, tout petit, mais toujours bondé. Le soir est le meilleur moment pour en profiter : en plus de l'*apericena* (apéritif dînatoire), profitez d'un bon cocktail bien ficelé, à déguster à une table, au comptoir ou sur la terrasse. Jamais démodé. (055 24 31 11 ;

Vue de Florence depuis la Piazzale Michelangelo

www.zoebar.it ; Via dei Renai 13/R ; 8h30-2h lun-ven, 9h-3h sam-dim)

Easy Living

CAFÉ

18 PLAN P. 194, D1

À deux pas de l'Arno, deux conteneurs réaménagés font office de bar et de cuisine, tandis que quelques tables sont installées sur une estrade en bois, à la lumière des lampes accrochées dans les branches. L'Easy Living est un endroit magique, parfait pour un déjeuner léger (leurs petits hamburgers sont succulents), pour un apéritif dans un joli cadre ou pour passer une soirée entre amis et en musique. (055 234 11 12 ; www.easylivingfirenze.it ; Piazza Poggi ; 9h-2h mai-sept)

Sortir

Montecarla

DISCOTHÈQUE

19 PLAN P. 194, A1

Le nom de cette discothèque serait celui de sa fondatrice, une célèbre transsexuelle de Florence. L'atmosphère est équivoque, l'ameublement hésite entre le kitsch et le baroque : grands divans et poufs léopard (assortis aux voûtes du plafond), coussins, tapis, colonnes dorées, miroirs, baldaquins et fausses plantes partout. Très en vogue autrefois, cet établissement connaît aujourd'hui un petit coup de mou.

Chemin menant du Piazzale Michelangelo à la Basilica di San Miniato al Monte

À vous de juger. Consommation obligatoire et carte de membre à partir de 10 €. (Via de' Bardi 2/R ; 20h-4h mar-dim)

Shopping

Lorenzo Villoresi

PARFUMS

20 PLAN P. 194, A1

Philosophe et parfumeur, Lorenzo Villoresi a fait de la demeure de sa famille une académie où il enseigne comment extraire et mélanger les essences pour créer des parfums uniques et personnalisés. La boutique du rez-de-chaussée propose des eaux de Cologne, des parfums pour homme et femme, des pots-pourris et des parfums d'ambiance. Pour une fragrance personnalisée, prenez rendez-vous. (055 234 11 87 ; www.lorenzovilloresi.it ; Via de' Bardi 12 ; 10h-12h et 15h-17h lun-ven)

Alessandro Dari

BIJOUTERIE

21 PLAN P. 194, B2

Le splendide atelier-musée d'Alessandro Dari, orfèvre, sculpteur et guitariste classique, abrite de véritables œuvres d'art : ses bijoux en or, argent et pierres précieuses sont fabriqués ici, du dessin à l'assemblage, en passant par la fusion des métaux. Vous admirerez de magnifiques bagues décorées de châteaux hantés ou de basiliques en mosaïques, des broches, des médailles, mais aussi des horloges et de précieuses sculptures tout droit sorties du monde imaginaire de cet artisan hors du commun. La boutique, née en 1630 à Borgo Pinti, est depuis 2007 la seule école européenne de sculpture du bijou. (055 24 47 47 ; www.alessandrodari.com ; Via San Niccolò 115/R ; 10h30-19h30)

Stefano Bemer

CHAUSSURES EN CUIR

22 PLAN P. 194, D2

Ce magasin crée et vend des chaussures sur mesure. Les pièces sont onéreuses, mais cet art prend du temps : il faut mesurer le pied, créer la forme, faire des essais, couper et assembler le cuir. Comptez environ deux mois pour avoir votre paire, mais elle sera presque garantie à vie. (055 046 04 76 ; www.stefanobemer.com ; Via San Niccolò 2 ; 10h-19h lun-sam)

Supercazzola

GADGETS

23 PLAN P. 194, B1

Si vous êtes friand de doubitchous et de kloug aux marrons, vous apprécierez ce petit magasin dédié à la comédie italienne des années 1970 à 1990. Vous y trouverez des articles variés, des tasses aux inscriptions plus ou moins sobres aux T-shirts colorés évoquant des films cultes comme celui de Mario Monicelli, *Mes chers amis*, en passant par des sweats, des affiches et des livres. (www.supercazzola.it ; Via dei Renai 29R ; 15h-20h lun-ven, à partir de 10h sam)

Vaut le détour

Villas des Médicis

Entourées de magnifiques jardins, les villas des Médicis n'ont rien à envier aux plus somptueux palais royaux. Décorées de statues et de fresques ravissantes, ces demeures raffinées accueillirent les loisirs et plaisirs de la famille, mais furent aussi des lieux d'affaires et de célébrations. Explorez les plus intéressantes – aujourd'hui englobées dans l'agglomération et faciles à rejoindre en bus – et vous comprendrez pourquoi 14 d'entre elles sont inscrites au patrimoine mondial de l'Unesco.

La Petraia et sa merveilleuse cour peinte

À quelques kilomètres du centre, la **Villa La Petraia** (055 45 26 91 ; Via della Petraia 40, Firenze ; entrée gratuite sur réservation ; 9h30, 11h30, 15h, 16h et 17h mar-dim) est une splendide demeure conçue en 1587 par Bernardo Buontalenti pour Ferdinand Ier de Médicis. L'élégant **jardin à l'italienne** (entrée gratuite sur réservation ; 8h30-18h30 mar-dim) et sa vue sur la ville vont vous enchanter, mais attendez d'être entré dans le palais. Prenez le temps d'observer les formidables fresques de Volterrano, dans la **cour interne**, avant de visiter le **salon** recouvert de tapisseries flamandes, et les autres pièces décorées de statues de Jean Bologne et Bartolomeo Ammannati.

Villa di Castello : la préférée de Côme Ier

Avec son plan rectangulaire et son portique central peint par Raffaellino del Garbo, la **Villa di Castello** (055 45 26 91 ; Via di Castello 47 ; entrée libre ; 8h30, 13h30, 14h30 et 18h,30) était la préférée de Côme Ier. Les salons, siège de l'**Accademia della Crusca** (Académie de la langue italienne), ne sont pas ouverts au public : vous devrez vous contenter du ravissant **jardin** en terrasses. Parmi les fontaines et les variétés rares d'agrumes, cherchez l'étrange **Grotta degli Animali** : conçue par Nicolò Tribolo (le concepteur des jardins de Boboli ; p. 170) et réalisée par Vasari, cette grotte est couverte d'une voûte en mosaïques de coquillages ; ses bassins en marbre sont couronnés de pyramides ornées de bestioles en pierre.

La Villa di Poggio a Caiano

Entourée d'un portique et d'un jardin simple, cette harmonieuse villa seigneuriale est couronnée d'un tympan orné d'une frise en terre

★ À savoir

- Le site de l'association **Amici delle Ville e dei Giardini Medicei** (www.amicidellevillemedicee.com) liste les événements programmés chaque jour dans les différentes résidences et fournit d'autres renseignements utiles pour planifier votre visite.

Une petite faim ?

Si vous ne raffolez pas des sandwichs, optez pour le **Ristorante Adriano** (0571 550 23 ; www.ristoranteadriano.net ; Via Veneto 102, Cerreto Guidi ; repas à partir de 25 € ; 12h15-14h15 et 19h30-22h30), près de la Villa di Cerreto Guidi, dont la spécialité est la *bistecca alla fiorentina*, ou pour la **Fiaschetteria i' Mulino** (055 877 95 41 ; www.fiaschetteriaimulino.com ; Via Cancellieri 29, Poggio a Caiano ; repas à partir de 20 € ; 12h-15h et 18h-0h) à Poggio a Caiano, qui propose des plats variés (pâtes fraîches, tartares de bœuf, etc.).

cuite vitrifiée de 14 m. Conçue par Giuliano da Sangallo pour Laurent le Magnifique, la **Villa di Poggio a Caiano** (055 87 70 12 ; Piazza dei Medici 14, Poggio a Caiano ; entrée gratuite ; horaire variables, consulter le site wwww.polomusealetoscana.beniculturali.it) est le nec plus ultra de la splendeur et du luxe médicéens. Ses **salles** sont une invitation à un voyage au cœur de l'art et de l'architecture Renaissance.
Après le double escalier qui orne la façade (ajouté au XIXe siècle), les grands salons de la villa s'ouvrent à vous. Explorez le **théâtre de cour** et la salle des billards, puis montez au 1er étage pour visiter les chambres et les petits salons privés des Médicis et de la dynastie de Savoie – qui élut domicile ici au XXe siècle. Puis découvrez le **salon de Léon X**. Le plafond de cette immense pièce fut décoré par Giuliano da Sangallo et Franciabigio, tandis que les fresques aux murs – qui comparent la Florence médicéenne à la Rome impériale – sont signées André del Sarte, Pontormo et Alessandro Allori. Le second étage comprend un original **Museo della Natura Morta** (entrée libre ; horaires variables, consulter le site www.polomusealetoscana.beniculturali.it), avec plus de 200 toiles du XVIe au XVIIIe siècle.

Le pensionnat de Poggio Imperiale

L'immense **Villa di Poggio Imperiale** (055 22 61 71 ; www.poggio-imperiale.it ; Piazza del Poggio Imperiale 1 ; entrée avec visite guidée sur réservation, don libre ; 10h-12h dim), aux lignes typiquement néoclassiques, est aujourd'hui le siège d'un établissement scolaire. Pendant des siècles, elle fut la demeure de campagne de la dynastie de Lorraine, qui ne manqua pas de l'embellir. Les salons peints, les cours couvertes, la grande **salle de bal** et l'austère **Cappella del Crocifisso** sont les pièces les plus intéressantes, mais les meubles, sculptures et peintures sont également de grande valeur.

La résidence de chasse de Cerreto Guidi

Ce château du haut Moyen Âge fut transformé en résidence de chasse vers la moitié du XVIe siècle. La **Villa di Cerreto Guidi** (Via dei Ponti Medicei 7, Cerreto Guidi; 9h, 10h, 11h, 12h, 15h et 16h mar-dim et 1er et 4e lundi du mois) donne du cachet au centre du village avec son aspect austère et ses grands escaliers géométriques, conçus probablement par Buontalenti. Sa collection de peintures comprend une *Vierge à l'Enfant* de l'atelier du Pérugin et un *Hercule* de Guercino. La villa accueille également le **Museo Storico della Caccia e del Territorio** (055 29 48 83 ; www.museodellacaccia.it ; entrée gratuite ; 8h15-19h), comprenant des armes anciennes ayant appartenu aux Médicis.

Le jardin de Pratolino

François Ier de Médicis était un grand romantique visionnaire. Follement amoureux de la magie, il ne dédaignait pas non plus son

Le jardin de Pratolino

amante, Bianca Cappello, à qui il offrit en 1568 une grande villa (détruite en 1820 après des années d'abandon) près du Mugello, afin de transformer le jardin en un lieu enchanté. Des témoignages racontent que le parc était unique au monde, jonché de volières, de fontaines, de grottes et de jets d'eau. Aujourd'hui, le **jardin** (☎055 408 07 21, 055 40 94 27 ; www.cittametropolitana.fi.it/parco-mediceo-di-pratolino ; Via Fiorentina 282, Pratolino ; entrée libre ; 🕐10h-20h ven-dim et jours fériés mai-sept, 10h-18h oct) n'est plus ce qu'il était, mais il reste l'un des plus beaux parcs de la Toscane. Admirez le *Colosse de l'Apennin* de Jean Bologne, et son immense bassin – détaillez l'arrière, truffé de coquillages –, mais aussi la **Fonte del Mugone**, la **Peschiera della Maschera**, la **Cappella** et la **Grotta di Cupido** conçues par Buontalenti.

€ 15,00

Carnet pratique

Maroquinerie au Mercato di San Lorenzo WEI HUANG/SHUTTERSTOCK ©

Avant de partir

Hébergement

- Les options d'hébergement sont nombreuses : auberges de jeunesse, *pensioni* (pensions) tenues par des familles, B&B, hôtels de charme, villas de luxe et palaces. Pensez à réserver !
- Près de la gare Santa Maria Novella, les pensions ou les hôtels sont un bon compromis pour les petits budgets, à condition de bien les choisir.
- Consultez les sites Internet des hôtels pour les offres promotionnelles ; en basse saison, les prix peuvent chuter de 50%.
- La loi interdit de fumer dans les hôtels ; nombre d'entre eux proposent un hébergement adapté aux personnes handicapées.
- Une taxe de séjour obligatoire (*tassa di soggiorno*) s'applique aux hôtels, B&B, pensions et auberges de jeunesse. Son prix varie de 1,50 à 5 € en fonction du type d'hébergement.

Petits budgets

Ostello Bello (ostellobello.com/hostel/ostello-bello-firenze/). La chaîne Ostello Bello s'est installée à Florence. Chambres ou dortoirs, avec salles de bains. Proche de la gare de Santa Maria Novella ; bar et réception ouverts 24h/24.

Tasso Hostel Florence (www.tassohostelflorence.com). Magnifique auberge de jeunesse, située à Oltrarno vers le Giardino Torrigiani. Le personnel est très accueillant.

Ostello Gallo d'Oro (www.ostellogallodoro.it). Située en plein centre, à deux pas du Museo di San Marco, cette auberge de jeunesse fraîchement rénovée garantit confort et propreté à un prix imbattable.

Ostello Santa Monaca (www.ostellosantamonaca.com). Une des plus anciennes auberges de jeunesse de la ville, située à Oltrarno, non loin de la Basilica di Santo Spirito. Elle est aménagée dans un ancien couvent du XVe siècle.

Plus Florence (plushostels.com/it/plusflorence). Auberge de jeunesse pour ceux qui aiment le confort : il y a même une piscine sur le toit. Légèrement excentrée, au nord de la ville.

Hotel Fiorita (www.hotelfiorita.com). Un petit deux-étoiles, propre et confortable, à 50 m de la gare Santa Maria Novella.

Catégorie moyenne

Hotel delle Nazioni (www.hoteldellenazioniflorence.com). Un trois-étoiles élégant dans le quartier de Santa Maria Novella qui propose des chambres spacieuses et de petits appartements.

Hotel Pendini (www.hotelpendini.it). Une position idéale pour cet hôtel donnant sur la Piazza della Repubblica et décoré dans un goût exquis.

Hotel Botticelli (www.hotelbotticelli.it). Situé entre le Museo di San Marco et la Galleria dell'Accademia, ce petit hôtel confortable géré en famille est bien placé. Il est en outre doté d'une terrasse sur le toit pour prendre l'apéritif, ce qui ne gâche rien.

Hotel Spadai (www.hotelspadai.it). Ouvert en 2015, cet établissement est l'un des plus intéressants de sa catégorie : à 100 m du Duomo, et avec un spa à disposition, c'est l'endroit idéal pour un séjour en amoureux.

Catégorie supérieure

Hotel Ginori al Duomo (www.hotelginorialduomo.com). Un quatre-étoiles situé à deux pas de la Galleria dell'Accademia, avec piscine, cave à vin, et fresques au plafond.

Hotel de la Ville (www.hoteldelaville.it). Les voyageurs exigeants mais attentifs à leur portefeuille peuvent réserver en toute tranquillité dans ce quatre-étoiles supérieur avec chambres élégantes et service irréprochable, non loin du Museo Marino Marini.

Hotel Villa Medici (www.villamedicihotel.com). Une villa du XVIIIe siècle transformée en résidence pour ceux qui recherchent luxe et tranquillité. Avec un service de navette à disposition des hôtes qui voudraient faire du shopping au centre sans se préoccuper du stationnement. Un peu à l'écart du cœur historique de la ville.

Arriver à Florence

Entrer en Italie

Les citoyens suisses et ceux de l'UE peuvent se rendre en Italie avec leur seule carte d'identité. Les ressortissants d'autres pays doivent avoir un passeport valide et peuvent avoir à remplir des cartes d'arrivée (dans les aéroports).

En avion

Aéroport de Florence à Peretola

L'**Aeroporto Amerigo Vespucci** (☎ 055 306 15 ; www.aeroporto.firenze.it), situé à 4 km du centre-ville, dessert la capitale toscane depuis les principales destinations italiennes et européennes.

Tramvia T2 Vespucci Tram T2 Vespucci (www.gestramvia.com ; billet intra-muros 1,50/1,80 € par sms ; 20-23 minutes, toutes les 6-18 min ; premier/dernier départ depuis l'aéroport 5h/0h04 dim-jeu, 1h32 ven-sam ; premier/dernier départ depuis Unità 5h/0h30 dim-jeu, 2h ven-sam). Il relie l'aéroport à Piazza dell'Unità Italiana et à Via Alamanni, toutes deux proches de la gare de Novella.

VolaInBus (☎ 800 37 37 60 ; www.fsbusitalia.it ; aller/aller-retour 6/10 € ; 20 minutes ; premier/dernier départ depuis l'aéroport 10h30/20h30 ; premier/dernier départ depuis la gare routière 10h/20h). Ce bus relie l'aéroport à la gare de Santa Maria Novella.

- **Taxi** Des tarifs fixes sont prévus pour le centre-ville (lun-ven/dim et fêtes nuit 22/24/25,30 €), auxquels il faut ajouter un supplément de 1 € par bagage. La course dure 15 minutes environ.

Aéroport de Pise

L'**Aéroport Galileo Galilei** (call center 050 84 91 11, 050 84 93 00 ; www.pisa-airport.com) est à 80 km de Florence, et assure des liaisons intérieures et européennes de compagnies low cost ou non.

- **Pisa Mover** (050 50 09 09 ; www.pisa-mover.com). Il relie le terminal passagers de l'aéroport et la gare de Pisa Centrale (6h-0h toutes les 5-15 min ; 5/10 € 1 h/aller-retour) en 5 minutes. Pour plus d'informations sur l'achat des billets, voir www.pisa-mover.com/servizio-shuttle. On atteint ensuite la gare ferroviaire Firenze-Novella (8,70 € ; 1 h) avec **Trenitalia** (www.trenitalia.com).
- **Caronna tour-Sky Bus Lines** (366 126 06 51 ; www.caronnatour.com ; durée 60 min ; tarif par section jour/nuit 13,90/25 €) relie quotidiennement le terminal de Pise à Florence. Les trajets de jour desservent l'arrêt du T2 Guidoni (les horaires varient selon le jour de la semaine : de manière générale, premier/dernier départ de puis l'aéroport 8h/20h) ; les trajets de nuit desservent la gare de Firenze-Novella (20h30-23h59). Voir www.caronnatour.com/linea-pisa-aeroporto-firenze-it/.
- **Taxi CoTaPi** (Cooperativa Taxisti Pisani ; 050 54 16 00 ; www.cotapi.it ; 24h/24). Le tarif entre le terminal pisan et la gare de Pisa Centrale est de 9 €.

Depuis la France

- **Air France** (3654 ; www.airfrance.fr) propose un aller-retour Paris-Florence (1h45 de vol) à partir de 204 €.
- Comptez 140 € pour un vol avec la compagnie low cost **Vueling** (0899 232 400 ; www.vueling.com).
- **easyJet** (www.easyjet.com) propose un aller-retour Paris-Pise (1h40 de vol) à partir de 90 €.

Vous pouvez contacter également :

Ryanair (0892 562 150 ; www.ryanair.com)

SNCF Connect (36 35, 0,64 €/min ; www.sncf-connect.com)

Depuis la Belgique

- **Brussels Airlines** (0 892 64 00 30, 0,33 €/min ; www.brusselsairlines.com) propose au moins un vol direct quotidien pour Florence au départ de Bruxelles (1h55 de vol) à partir de 140 €.
- **Ryanair** dessert Pise (1 heure 45, 100 € environ) depuis Charleroi Bruxelles-Sud ainsi que Florence.
- Vous pouvez vous renseigner auprès des agences suivantes :

Airstop (070 233 188 ; www.airstop.be)

Voyages et changements climatiques

Tous les moyens de transport fonctionnant à l'énergie fossile génèrent du CO_2 – la principale cause du changement climatique induit par l'homme. L'industrie du voyage est aujourd'hui dépendante des avions. Si ceux-ci ne consomment pas nécessairement plus de carburant par kilomètre et par personne que la plupart des voitures, ils parcourent en revanche des distances bien plus grandes et relâchent quantité de particules et de gaz à effet de serre dans les couches supérieures de l'atmosphère. De nombreux sites Internet utilisent des "compteurs de carbone" permettant aux voyageurs de compenser le niveau des gaz à effet de serre dont ils sont responsables par une contribution financière à des projets respectueux de l'environnement. Lonely Planet "compense" les émissions de tout son personnel et de ses auteurs.

Connections (☎ 070 233 313 ; www.connections.be)

Éole (www.voyageseole.be)

Depuis la Suisse

Swiss Air (☎ 0848 700 700 ; www.swiss.com) assure 2 ou 3 vols quotidiens pour Florence au départ de Zurich. Comptez environ 90 FS en basse saison pour 1 heure 10. Vous pouvez contacter aussi :

Lufthansa (☎ 0900 900 922 ; lufthansa.com)

STA Travel Lausanne (☎ 058 450 49 49 ; coordonnées des agences sur www.statravel.ch)

Depuis le Canada

Il n'y a pas de vol direct pour Florence ou Pise. Renseignez-vous pour prendre une correspondance dans une grande ville européenne. Vous pouvez contacter :

Air Canada (☎ 888 247 2262 ; www.aircanada.ca)

Travel Cuts (☎ 1800 667 2887 ; www.travelcuts.com)

En train

Si vous venez d'une ville européenne et que vous voulez rejoindre Florence, vous changerez certainement à Milan, la principale plate-forme ferroviaire du nord de l'Italie.

Depuis la France, vous pouvez aussi rejoindre Turin en TGV puis emprunter le train Frecciarossa de Trenitalia qui rallie Florence en 1 heure 40 (comptez 10 heures 15 de trajet en tout). Depuis Milan, en plus des trains de Trenitalia, on peut emprunter ceux de l'opérateur privé Italo, qui rejoignent Florence en 1 heure. Pour les horaires et les réservations, consultez les sites www.sncf-connect.com, www.trenitalia.com et www.italotreno.it.

Gare de Santa Maria Novella

La gare est toute proche du centre historique : on aperçoit du parvis la coupole de Brunelleschi, que l'on atteint en 7 minutes à pied, ou avec la ligne C4.

Comment circuler

Les rues étroites du centre-ville font partie d'une ZTL (*Zona a Traffico Limitato* ; zone à circulation limitée) ; la circulation motorisée y est très restreinte. On s'y déplace majoritairement à pied.

Ordre des numéros des rues

Pour éviter des va-et-vient fatigants, sachez qu'à Florence deux systèmes de numérotage coexistent : les immeubles résidentiels, les bâtiments publics et autres édifices ou portails sont indiqués avec des numéros noirs (parfois bleus) ; les commerces le sont avec des numéros rouges. Par conséquent, si vous cherchez une trattoria au numéro 37, par exemple, vous devez chercher le 37 rouge et pas le 37 bleu ou noir. Et chaque couleur suit sa propre série : un 12 bleu peut donc être suivi d'un 29 rouge parce que cette rue possède de nombreux commerces et peu d'habitations privées. Alors, attention à la couleur !

Bus et tram

- En 2021 la compagnie **Autolinee Toscane** a repris la gestion des bus et tramways. On peut consulter les trajets, horaires et arrêts sur le site www.at-bus.it.
- L'application TABNET (disponible pour iOS et Android) permet d'acheter tous les tickets et abonnements disponibles (pour un abonnement, enregistrez-vous d'abord sur le site).
- Le site www.at-bus.it liste également les 35 billetteries où acheter tickets et abonnements.
- Les tickets peuvent aussi être achetés auprès des points de vente homologués présentant le logo des Autolinee Toscane, aux distributeurs automatiques des arrêts et par sms (billets intra-muros uniquement : 1,50 € + frais supplémentaires selon l'opérateur) en envoyant le sms "FIRENZE" au ☎488 01 05. Vous recevrez un sms avec le lien vers le ticket sous forme de QR code. Le ticket est déjà validé.
- La gare de Santa Maria Novella est aussi desservie par les deux lignes du **tram**, (www.gestramvia.com), très pratique pour se déplacer rapidement. La première relie la ville à l'aéroport, la seconde passe par le Parco delle Cascine.

Vélo

- Florence est une ville qui se prête au vélo. Elle ne compte pas moins de 100 km de pistes cyclables, agréables et sûres. Les Infopoint fournissent le plan à jour du projet Bicipolitana (sinon, téléchargez l'application IF - Infomobilità Firenze). Le portail **beCycle** (www.

becycle.comune.fi.it) vous fournira des informations utiles et des plans.

- **Mobike** (www.ridemovi.com/it/) propose de nombreux vélos en accès libre, traditionnels ou à assistance électrique, et des trottinettes. Téléchargez l'application RideMovi pour accéder au service.
- **Florence By Bike** (☎055 48 89 92 ; Via San Zanobi 54/R ; www.florencebybike.it ; 🕘9h-13h et 15h30-19h30 tlj ; 12 €/jour). Une boutique située en plein centre et disposant de vélos de ville, de course et à assistance électrique.
- Les plus de 14 ans qui préfèrent les trottinettes doivent télécharger les applications **TiMove** (www.timove.com/e-scooter-firenze/ ; 8,90 €/jour) et **BitMobility** (www.bitmobility.it).

Voiture et moto

- Le centre historique de Florence fait partie d'une ZTL ; les conducteurs qui s'y aventurent risquent une lourde amende. En outre, le stationnement peut s'avérer coûteux et difficile d'accès ; préférez les transports publics ou la marche à pied.
- La ville compte 15 parkings souterrains municipaux, gérés par **Firenze Parcheggi** (☎055 50 30 22 09 ; www.fipark.it) et ouverts 24h/24. Le tarif horaire varie selon la zone (de 0,50 à 3,80 €). Le site permet de vérifier les places libres en temps réel.
- Si vous voyagez en moto, tout est différent : l'accès à la ZTL est libre, et les possibilités de stationnement pour deux-roues ne manquent pas.

Taxi

- Les taxis sont nombreux mais chers. Même pour une petite course, comptez au moins 10 €.
- Si vous n'arrivez pas à en trouver un sur les 50 stations de la ville, appelez une voiture au ☎055 42 42 ou ☎055 43 90.

Infos pratiques

Argent

Cartes bancaires

Les cartes bancaires internationales sont acceptées dans tout Bancomat présentant le logo approprié, ainsi que dans la plupart des hôtels, restaurants, magasins, supermarchés et péages.

Change Pour changer vos devises, passez par une banque, un bureau de poste ou un *cambio* (bureau de change) ; les deux premières options offrent les meilleurs taux.

DAB Les Bancomat (distributeurs automatiques de billets) sont répandus.

Pourboire Contrairement à la majorité des Florentins, les visiteurs laissent généralement un pourboire de 10 à 15 % quand le service n'est pas inclus. Les bagagistes espèrent 1 ou 2 € par bagage. En taxi, arrondissez vos courses à l'euro supérieur.

Électricité

Type A
120 V/60 Hz

Type B
120 V/60 Hz

Handicapés

Le centre historique de Florence n'est pas de tout repos pour les personnes à mobilité réduite. Toutefois, presque tous les musées et les églises de la ville leur sont accessibles. Vous trouverez des informations très utiles sur le site officiel www.feelflorence.it, à la rubrique "Se déplacer sans barrières".

- À l'Infopoint Stazione (p. 232) et à la **Misericordia di Firenze** (☎055 41 77 61), il est possible de louer un fauteuil pour 25 €. Mieux vaut téléphoner pour vérifier les disponibilités.
- Il est possible d'organiser des visites guidées pour les visiteurs handicapés. Nous vous conseillons de faire votre demande bien à l'avance (☎055 238 86 17 ; uffiziaccessibili@beniculturali.it ; 9h-17h lun-ven).
- Le Museo di Storia Naturale (Section paléontologie), les Offices, le Museo Horne, le Museo Galileo et autres sites culturels nationaux proposent des visites tactiles pour les visiteurs non-voyants. Contactez ces établissements quelques jours avant votre arrivée pour avoir des informations.
- Si vous avez besoin d'une assistance pour voyager en train avec **Trenitalia**

Éviter la file d'attente

Pour éviter d'attendre une bonne partie de la journée devant la Galleria dell'Accademia, deux options s'offrent à vous. La première consiste à réserver votre entrée, moyennant un supplément de 4 €, pour un créneau horaire déterminé. Sinon, vous pouvez profiter de l'ouverture prolongée du musée les mardis et vendredis d'été : après 20h, la file disparaît comme par magie. En revanche, gare aux guides qui proposent aux touristes d'entrer sans faire la queue car ils demandent en échange entre 20 et 35 €.

Pas d'impairs !

- **Salutations** Serrez la main et dites *buongiorno* (bonjour), *buonasera* (bonsoir) ou *piacere* (enchanté).
- **Courtoisie** Pour attirer l'attention ou pour dire "excusez-moi", dites *mi scusi*. Dites *grazie (mille)* pour "merci (beaucoup)", *per favore* pour "s'il vous plaît", *prego* pour "de rien" ou "je vous en prie, après vous", et *permesso* pour vous frayer un chemin dans la foule.
- **Cafés** Ne restez pas des heures dans les bars à *espresso* (d'où leur nom) ; buvez votre café et poursuivez votre chemin.
- **Églises** Ne dérangez jamais une messe.

(www.trenitalia.com), vous trouverez des informations sur son site en cliquant sur "Informazioni e assistenza per le persone a mobilità ridottà" (informations et assistance pour les personnes à mobilité réduite). Les personnes qui voyagent avec la compagnie **Italo** (www.italotreno.it) trouveront des indications à la rubrique "Assistenza e informazioni/ Assistenza Persone a Mobilità Ridotta".

- En France, l'**APF** (Association des paralysés de France ; ☎ 01 40 78 69 00 ; www.apf.asso.fr ; 17 bd Auguste-Blanqui, 75013 Paris) peut fournir des informations utiles sur les voyages accessibles.

Heures d'ouverture

- Dans ce guide, les horaires d'ouverture de la majorité des établissements privés sont précisés.
- Rappelez-vous que les billetteries des musées ferment en général 45 à 60 min avant l'horaire indiqué dans le guide.
- Les cuisines des restaurants ferment également souvent une heure avant.

Homosexualité

L'homosexualité est bien acceptée à Florence. Quelques ressources utiles :

Azione Gay e Lesbica Firenze (☎ 055 22 02 50 ; www.azionegayelesbica.it ; Via Pisana 32r). Association active pour gays et lesbiennes basée à Florence.

Gay.it (www.gay.it). Sélection de bars et d'hôtels gays en Italie.

Pride (www.prideonline.it). Mensuel national d'art, musique, politique et culture gay.

Jours fériés

Jour de l'An (Capodanno) 1er janvier

Épiphanie (Befana) 6 janvier

Anniversaire de l'Unité italienne (Anniversario dell'Unità d'Italia) 17 mars

Dimanche de Pâques (Domenica di Pasqua) mars ou avril

Lundi de Pâques (Pasquetta) mars ou avril

Jour de la Libération (Giorno della Liberazione) 25 avril

Fête du Travail (Festa del Lavoro) 1er mai

Fondation de la République italienne (Festa della Repubblica) 2 juin

Assomption (Ferragosto) 15 août

Toussaint (Ognissanti) 1er novembre

Immaculée Conception (Immaculata Concezione) 8 décembre

Noël (Natale) 25 décembre

Saint-Étienne (Festa di Santo Stefano) 26 décembre

Bon plan

- Les citoyens de l'UE de moins de 18 ans et de plus de 65 ans ont accès gratuitement à nombre de musées ; ceux de 18 à 25 ans paient moitié prix. Prévoyez toujours une pièce d'identité.

Numéros utiles

Ambulance ☎118

Police ☎113

Numéro européen pour toute urgence ☎112

Offices du tourisme

Les aéroports de Florence et de Pise comptent chacun un office du tourisme. En ville, les **Infopoint** (www.firenzeturismo.it) délivrent des informations générales sur les musées et les sites ainsi que des plans et des dépliants.

- **Infopoint Stazione** (plan p. 82, D5 ; ☎055 21 22 45 ; Piazza della Stazione 4 ; ⏰9h-19h lun-sam et 9h-14h dim et jours fériés)
- **Ufficio Informazioni Turistiche della città metropolitana di Firenze** (plan p. 110, E5 ; ☎055 29 08 32-33 ; Via Cavour 1/R ; ⏰9h-13h lun-ven)
- **Infopoint Bigallo** (plan p. 52, D4 ; ☎055 28 84 96 ; Piazza San Giovanni 1 ; ⏰9h-19h lun-sam et 9h-14h dim et jours fériés)
- **Infopoint Santa Croce** (plan p. 148, C7 ; ☎055 26 91 207; Borgo Santa Croce 29/R ; ⏰9h-19h lun-sam, 9h-14h dim jours fériés)
- **Infopoint Aeroporto** (☎055 31 58 74 ; Aeroporto Amerigo Vespucci ; ⏰9h-19h lun-dim)
- **Infopoint Centro Visite del Parco delle Cascine** (☎055 276 88 06 ; Piazzale delle Cascine ; ⏰16h-19h30 mer-ven, 10h-13h30 sam, 11h-17h dim)

Poste

Le Poste (www.poste.it), la poste italienne, est assez fiable.

Les timbres (*francobolli*) s'achètent dans les bureaux de poste et bureaux de tabac (*tabacchi* signalés par un T blanc sur fond noir).

Réductions

La **Firenze Card** (www.firenzecard.it ; 85 €), valable 72 heures, donne accès à 72 musées, villas et jardins de Florence.

Achetez-la en ligne (et récupérez-la en arrivant à Florence) ou sur place, dans les offices du tourisme ou à la billetterie des Offices (entrée 2), du Palazzo Pitti, du Palazzo Vecchio, du Museo del Bargello, de la Cappella Brancacci, de la Basilica Santa Maria Novella et des Giardini Bardini. Pour les citoyens de l'UE, cette carte inclut une entrée gratuite pour les moins de 18 ans voyageant avec vous.

Services médicaux

- **Hôpital** (Ospedale di Santa Maria Nuova ; ✆ 055 2 75 81 ; www.asf.toscana.it ; Piazza di Santa Maria Nuova 1)
- **Farmacia Comunale 13 – Santa Maria Novella** (✆ 055 21 67 61 ; Interno Stazione Santa Maria Novella). Elle est ouverte 24h/24. À partir de 22h, il faut sonner.
- **Farmacia All'Insegna del Moro** (✆ 055 21 13 43 ; Piazza San Giovanni 20/R ; www.farmaciadelmoro.com ; 8h-0h tlj). Elle se situe à côté du baptistère.

Téléphone portable

- Le forfait des Européens fonctionne à Florence comme dans leur pays d'origine. Les autres visiteurs doivent se renseigner sur les frais d'itinérance.
- Vous pouvez acheter une carte SIM locale auprès de l'un des opérateurs téléphoniques, TIM, Vodafone ou Wind – ils possèdent tous des boutiques à Florence. Vous pourrez acheter une *ricarica* (minutes prépayées) dans les boutiques d'opérateurs, les *tabacchi* ou les kiosques à journaux.

Toilettes

Les toilettes publiques ne sont pas répandues ; profitez des équipements disponibles dans les hôtels, restaurants, cafés et musées.

Visas

Les citoyens des États membres de l'Union européenne (UE) n'ont pas besoin de visa, de même que d'autres pays dont le Canada et la Suisse. Une carte d'identité ou un passeport valide suffisent pour un séjour touristique n'excédant pas 90 jours.

Langue

L'italien standard est parlé dans tout le pays. Malgré l'importance culturelle des dialectes régionaux, vous n'aurez aucune difficulté à vous faire comprendre en parlant l'italien, tel que présenté dans ce chapitre.

L'italien oral ne présente pas de grosses difficultés car tous les sons, à l'exception du "r" roulé, existent en français. Les syllabes accentuées sont indiquées en italique.

Pour enrichir votre séjour, vous pouvez vous procurer le **Guide de conversation Italien** de Lonely Planet.

Vocabulaire de base

Bonjour.
Buongiorno. bwon·djor·no

Au revoir.
Arrivederci. ar·ri·vé·der·tchi

Comment allez-vous ?
Come sta? ko·mé sta

Bien. Et vous ?
Bene. E Lei? bé·né é leï

S'il vous plaît.
Per favore. per fa·vo·ré

Merci. *Grazie.* gra·tsié

Excusez-moi. *Mi scusi.* mi skou·zi

Désolé.
Mi dispiace. mi dis·pia·tché

Oui./Non. *Sì./No.* si/no

Je ne comprends pas.
Non capisco. non ka·pi·sko

Parlez-vous français/anglais ?
Parla francese/ inglese ? par·la fran·tché·zé/ in·glé·zé

Commander à manger et à boire

Je voudrais...	*Vorrei...*	vor·reï
un café	*un caffè*	oun ka·fè
une table	*un tavolo*	oun ta·vo·lo
le menu	*il menù*	il mé·nou
deux bières	*due birre*	dou·é bir·ré

Que me conseillez-vous ?
Cosa mi consiglia ?
ko·za mi kon·si·lia

Bon appétit !
Buon appetito ! bouon ap·pé·ti·to

C'était délicieux !
Era squisito ! é·ra skwi·zi·to

Santé ! *Salute !* sa·lou·té

Puis-je avoir l'addition, s'il vous plaît ?
Mi porta il conto, per favore ? mi por·ta il kon·to per fa·vo·ré

Shopping

J'aimerais acheter...
Vorrei comprare... vor·reï kom·pra·ré...

Je regarde juste.
Sto solo guardando. *sto so·lo gwar·dan·do*

Combien cela coûte-t-il ?
Quanto costa questo ? *kwan·to kos·ta kwe·sto*

C'est trop cher.
È troppo caro/ cara. (m/f) *è trop·po ka·ro/ ka·ra*

Urgences

Au secours !
Aiuto ! *a·you·to*

Appelez la police!
Chiami la polizia !
kia·mi la po·li·tsi·ya

Appelez un médecin !
Chiami un medico !
kia·mi oun mé·di·ko

Je me sens mal.
Mi sento male. *mi sen·to ma·lé*

Je suis perdu/perdue.
Mi sono perso/ persa. (m/f) *mi so·no per·so/ per·sa*

Où sont les toilettes?
Dove sono i gabinetti ? *do·vé so·no i ga·bi·net·ti*

Heure et nombres

Quelle heure est-il ?
Che ora è? *ké o·ra è*

Il est (deux) heures.
Sono le (due). *so·no le (dou·é)*

le matin
la *mattina* la *mat·ti·na*

l'après-midi
il *pomeriggio* il *po·mé·ri·djo*

le soir	la *sera*	la *sé·ra*
hier	*ieri*	*yé·ri*
aujourd'hui	*oggi*	*o·dji*
demain	*domani*	*do·ma·ni*

1	*uno*	*ou·no*
2	*due*	*dou·é*
3	*tre*	*tré*
4	*quattro*	*kwat·tro*
5	*cinque*	*tchin·kwé*
6	*sei*	*seï*
7	*sette*	*set·té*
8	*otto*	*ot·to*
9	*nove*	*no·vé*
10	*dieci*	*dié·tchi*
100	*cento*	*tchen·to*
1000	*mille*	*mil·lé*

Transports et directions

Où est ? *Dov'è ?* *do·vè*

Quelle est l'adresse ?
Qual'è l'indirizzo ? *kwa·lè lin·di·ri·tso*

Pouvez-vous me montrer (sur le plan) ?
Può mostrarmi (sulla pianta)? *puo mos·trar·mi (soul·la pian·ta)*

À quelle heure le... part-il ?
A che ora parte...? *a ké o·ra par·té*

S'arrête-t-il à... ?
Si ferma a...? *si fer·ma a...*

Comment y va-t-on ?
Come ci si arriva ?
ko·mé tchi si *ar·ri·va*

le bus	*l'autobus*	*laou·to·bous*
un billet	*un biglietto*	*oun bi·liét·to*
l'horaire	*l'orario*	*lo·ra·rio*
le train	*il treno*	*il tré·no*

En coulisses

Vos réactions ?

Vos commentaires nous sont très précieux pour améliorer nos guides. Notre équipe lit vos lettres avec la plus grande attention et prend en compte vos remarques pour les prochaines mises à jour. Pour nous faire part de vos réactions, consultez notre site Web : **www.lonelyplanet.fr**

Nous reprenons parfois des extraits de notre courrier pour les publier dans nos guides ou sites Web. Si vous ne souhaitez pas que vos commentaires soient repris ou que votre nom apparaisse, merci de nous le préciser. Pour connaître notre politique en matière de confidentialité, connectez-vous à : www.lonelyplanet.fr/confidentialite/index.cfm

Un mot de l'auteur

Je dois des remerciements à Giovanna et Enrico pour l'aide apportée à mes recherches, ainsi qu'à Marco et Flavio, et à Claudia, pour leur hospitalité. Une pensée également à Alessandro et ses bijoux de librairie, et à Fabiano, gastronome d'exception.

Merci enfin à Silvia Amigoni pour le suivi du guide, et à la rédaction de Lonely Planet.

Crédits photographiques

Photographie de couverture : La Fontaine de Neptune, Giardino di Boboli. Domenico Tondini / Hemis.fr ©

À propos de cet ouvrage

Cette 5e édition française de *Florence En quelques jours* est une traduction-adaptation de la 5e édition italienne de *Firenze Pocket* de Lonely-Planet – EDT, mise à jour et rédigée par Giacomo Bassi.

Traduction Maïa Rosenberger
Direction éditoriale Didier Férat
Responsable prépresse Jean-Noël Doan
Coordination éditoriale Camille Marie
Maquette Gudrun Fricke
Cartographie Cartes originales d'Ivo Villa, adaptées en français par Nicolas Chauveau
Couverture Adaptée en français par Laure Wilmot
Merci à Christiane Mouttet pour sa relecture attentive.

Index

Voir aussi les index des rubriques :
Se restaurer p. 228
Prendre un verre p. 229
Sortir p. 229
Shopping p. 230

Références des **sites**
Références des **plans**

Références des **sites**
Références des **plans**

Se restaurer

Prendre un verre

Sortir

Y

Shopping

A

B

C

D

E

F

G

I

L

M

N

O

P

R

S

T

U

Références des **sites**
Références des **plans**

Notes

L'auteur

Giacomo Bassi

Né en Sardaigne par un après-midi de juillet – torride, dit-on – il a en quarante ans vécu dans de nombreuses villes, pas toutes inoubliables, loin de là. Journaliste de formation, nomade par nécessité et par hasard, il gagne sa vie en écrivant des guides de voyage pour raconter les lieux qu'il visite à ceux qui s'y rendront après lui, et surtout à ceux qui ne pourront jamais y aller. Il vit actuellement à Barcelone.

Florence en quelques jours
5e édition
Traduit et adapté de l'ouvrage Firenze Pocket, 5a edizione italiana, novembre 2021

92 avenue de France - 75013 Paris

Photographes © comme indiqué 2021

Dépôt légal Avril 2022
ISBN 978-2-81619-331-2

Imprimé par Pollina, Luçon, France - 49302
Réimpression 03, avril 2024

En Voyage Éditions | un département édi8